FRANZ BÖCKER / HERIBERT GIERL

Die Beurteilung einer Zeitschrift als Werbeträger

SCHRIFTEN ZUM MARKETING

hrsg. von Prof. Dr. Erwin Dichtl, Mannheim

Prof. Dr. Franz Böcker, Regensburg

und Prof. Dr. Hermann Diller, Hamburg

Band 19

Die Beurteilung einer Zeitschrift als Werbeträger

Von

Franz Böcker und Heribert Gierl

DUNCKER & HUMBLOT / BERLIN

CIP-Kurztitelaufnahme der Deutschen Bibliothek

Böcker, Franz:
Die Beurteilung einer Zeitschrift als Werbeträger /
von Franz Böcker u. Heribert Gierl. — Berlin:
Duncker und Humblot, 1986.
    (Schriften zum Marketing; Bd. 19)
    ISBN 3-428-06063-6

NE: Gierl, Heribert:; GT

Vorwort

Nach einer Zeit intensiver Auseinandersetzung mit Fragen der Mediaplanung ist dieser Bereich des Marketing in den letzten Jahren zu einem „forgotten frontier" geworden. Zwar werden nach wie vor umfangreiche Datenbestände zur Unterstützung der Mediaplanung angelegt (Media-Analyse, Verbraucher-Analyse, Allensbacher Werbeträger-Analyse, Brigitte-Frauentypologie usw.), eine angemessene Verarbeitung dieser Daten für Zwecke der Mediaplanung wird aber zum großen Teil vernachlässigt, obwohl die Media-Ausgaben neben denen des Außendienstes für die einzelnen Konsumgüterhersteller den größten Ausgabenposten des Marketingbereichs darstellen.

Wenn Fragen der Mediaplanung derzeit — trotz der unbestreitbaren Bedeutung der Mediawerbung — nur eine vergleichsweise geringe Aufmerksamkeit seitens der wissenschaftlichen Forschung finden, so dürfte es dafür eigentlich nur zwei Erklärungen geben: Entweder besteht unter den Fachleuten Einigkeit darüber, daß die Mediaplanung theoretisch unproblematisch ist, oder die Wahl eines bestimmten Bewertungsverfahrens ist aus praktischer Sicht ohne Bedeutung für das Ergebnis. Wie in der vorliegenden Untersuchung im einzelnen nachgewiesen wird, sind weder alle Planungsfragen gelöst noch ist die Entscheidung zwischen verschiedenen Beurteilungsverfahren praktisch irrelevant; daher empfiehlt sich nach wie vor eine intensive Beschäftigung mit Fragen der Mediaplanung.

Die Reichweite, der Tausender-Preis und die Affinität sind bei der Beurteilung einzelner Mediapläne häufig verwendete Kriterien. Die Konsumintensität, die Kaufkraft und — ganz allgemein — die Bedeutung einzelner Personen stellen wichtige Gesichtspunkte dar, wenn es um die Bewertung einzelner Marktsegmente als Zielgruppen der Mediastreuung geht. Die Kompetenz eines Mediums für einen bestimmten Themenbereich, das redaktionelle Umfeld einer Anzeige und die jeweils typischen Seitenkontaktwahrscheinlichkeiten werden häufig im Zusammenhang mit der Bewertung einzelner Media diskutiert.

Eine theoretische Analyse alternativer Bewertungsverfahren und eine Skizze der Möglichkeiten ihrer datenmäßigen Abstützung machen einen wesentlichen Teil der vorliegenden Untersuchung aus. Daneben werden Simulationsrechnungen durchgeführt, die die praktische Bedeutung der Wahl eines Bewertungsverfahrens aufzeigen. Die Arbeit schließt mit Aussagen zum Eignungsgrad verschiedener Verfahren aus theoretischer, informationswirtschaftlicher und praktischer Sicht.

An dieser Stelle sei all denen gedankt, die diese Untersuchung durch die Bereitstellung von Daten, durch Unterstützung bei deren Verarbeitung und durch kritische Analysen gefördert haben. Unser besonderer Dank gilt den „Diskussionspartnern und Datenlieferanten" Klaus Baumann sowie Hans Jürgen Meier von der Verlagsgruppe Bauer und den Mitarbeitern Ahron J. Schwerdt sowie Herbert Schweikl; ihnen allen danken wir für die vielfältige Unterstützung und konstruktive Kritik. Gabriele Blöchl und Rosemarie Ermel haben immer wieder Verbesserungen an der Form dieses Manuskripts vorgenommen und dabei auch manche Enttäuschung über die nicht endenden Korrekturwünsche verdauen müssen; ihnen gilt unser besonderes Lob. Die Verantwortung für eventuelle Fehler verbleibt bei den Autoren.

Regensburg, im November 1985

Franz Böcker
Heribert Gierl

Inhaltsverzeichnis

Teil I:

Zielsetzung und wichtigste Ergebnisse

1. Die Problemstellung und Zielsetzung der Untersuchung

Etwa ein Prozent des Bruttosozialprodukts der westlichen Industriestaaten wird für die Verbreitung von Werbung in Massenmedia wie Zeitungen, Zeitschriften, Funk und Fernsehen ausgegeben (Böcker/Thomas, 1981, S. 262). Mediaausgaben stellen damit ohne Zweifel gewichtige Kosten des Marketingbereichs dar. Dies gilt ganz besonders für den Bereich häufig gekaufter Konsumgüter, in dem die Ausgaben zur Streuung von Werbebotschaften bis zu 20 % des Umsatzes einzelner Unternehmen ausmachen. Nach Ansicht von Experten wird das Ergebnis einer Werbekampagne nicht unwesentlich davon beeinflußt, welches Medium bzw. welche Mediakombination für die Streuung einer Werbebotschaft herangezogen wird. Trotz der für Umsatz und Kosten unbestrittenen Bedeutung der Wahl der Media wird derzeit bei dieser Wahl noch zu einem guten Teil nach traditionell angelegten, stark vereinfachenden Bewertungsverfahren vorgegangen.

Fragen der Mediaplanung wurden vor allem gegen Ende der sechziger und Anfang der siebziger Jahre intensiv in Praxis und Wissenschaft erörtert; die Mediaplanung konnte damals zu Recht als eine der am besten entwickelten Planungsbereiche des Marketing bezeichnet werden. Nach Abflauen dieser Euphorie stellt dieses Gebiet geradezu ein Stiefkind der wissenschaftlichen Erörterung im Marketingbereich dar. Seit 1975 ist zum Thema Mediaselektion unseres Erachtens keine Monographie mehr erschienen.

Im Gegensatz zum Rückgang der wissenschaftlichen Aktivitäten steht die seit einiger Zeit zu beobachtende Intensivierung der Forschungsbemühungen der Verlage: Zwar wurde der Entwicklung der „Planungsphilosophie" auch seitens der Wirtschaftspraxis nur ein mäßiges Interesse entgegengebracht (Ausnahme: Affinitätskonzept); mit dem Ziel, die Mediaplanung auf eine bessere Informationsgrundlage zu stellen, wurden aber vielfältige Studien zum Verbrauchs- und Informationsverhalten der Bevölkerung durchgeführt.

Nach einer Phase der Beschäftigung mit Grundfragen der Mediaplanung und einer anschließenden Phase der Verbesserung der Informationsgrundlagen erscheint es nun notwendig, einige Fragen im Zusammenhang mit der „Planungsphilosophie" erneut aufzugreifen. Dies erscheint auch deshalb angebracht, da Aspekte der Mediaplanung, die Ende der sechziger Jahre mangels geeigneter Daten (z. B. Segment-Gewichte) nur unter theoretischen Gesichtspunkten erörtert wurden, nun aber unter empirischen Gesichtspunkten betrachtet werden können.

Vor dem Hintergrund der soeben skizzierten Situation ist es das Ziel dieser Schrift, Wege für eine theoretisch besser abgesicherte und zugleich datengestützte Mediaplanungspraxis für Zeitschriften aufzuzeigen. Mit dem Attribut „theoretisch abgesichert" soll dabei eine logisch und verhaltenswissenschaftlich begründete Vorgehensweise gekennzeichnet werden, mit „datengestützt" eine solche Vorgehensweise der Planung, die auf allgemein zugänglichen, validen und reliablen Informationen aufbaut.

In vereinfachender Sicht kann das Problem der Mediabewertung auf drei Teilprobleme zurückgeführt werden: Zum einen geht es darum, ein adäquates Kriterium, anhand dessen verschiedene Media zu beurteilen sind, auszuwählen, zum anderen sind die Personen, die durch ein Medium angesprochen werden, nach ihrer Kontaktwürdigkeit zu bewerten (Personensegment-Gewichte) und schließlich gilt es, eine Bewertung der Media nach ihrer Wirkungskraft — unabhängig von Kontakt-Anzahlen — vorzunehmen (Media-Gewichte).

Im Zusammenhang mit der Auswahl eines geeigneten Beurteilungskriteriums ist das Affinitätskonzept zu erörtern. Mehrheitlich wird unter Affinität eines Mediums der Anteil der Leser des Mediums, der der Zielgruppe der Werbestrategie angehört, an der Gesamtheit der Leser des Mediums verstanden. Die Affinität gibt demnach den Grad der Übereinstimmung der Leserschaft eines Mediums mit der Zielgruppe der Werbeanstrengungen an. Angesichts dieser Zielsetzung ist es nicht verwunderlich, daß sich das Affinitätskonzept teilweise als ein Konzept etabliert hat, das mit den traditionellen Kriterien Reichweite und Tausender-Preis konkurriert bzw. sie ergänzt. In jüngster Zeit sind allerdings verstärkt Zweifel an der Adäquanz des Affinitätskonzepts für Zwecke der Mediaauswahl aufgetaucht.

Die Frage nach einer sinnvollen Mediaplanung erschöpft sich jedoch nicht in der Frage „Reichweite, Tausender-Preis oder Affinität", sondern berührt auch die Frage der Gewichtung der einzelnen Segmente der Bevölkerungsgesamtheit sowie der einzelnen Media. Gemeinhin wird die Bevölkerung für Zwecke der Media- und Marketingplanung in eine Kernzielgruppe, sonstige relevante Personengruppen und irrelevante Personengruppen unterteilt. Da die einzelnen Media bei unterschiedlichen Personensegmenten Schwerpunkte besitzen, ist unmittelbar einsichtig, daß die Wahl des Schemas der Personensegment-Gewichtung einen gravierenden Einfluß auf die Vorteilhaftigkeit einzelner Media ausüben kann. Da die verschiedenen Media darüber hinaus auch als unterschiedlich wirkungsvoll einzustufen sind, ist bei der Mediaplanung auch noch die Wertigkeit des Kontakts einer Person der Zielgruppe mit einem Medium zu beachten.

Diese drei Teilfragen werden im Rahmen dieser Schrift durch folgende Vorgehensweise einer Antwort näher gebracht:

(1) Es sind zunächst Überlegungen über geeignete Beurteilungskriterien und richtige Gewichtungsschemata sowohl hinsichtlich der Personensegmente als auch hinsichtlich der Media anzustellen. Diese theoretisch orientierte Untersuchung der Eignung konkreter Mediabewertungsverfahren verfolgt das Ziel, aus der Vielfalt der in der Theorie diskutierten und in der Praxis angewendeten Bewertungsverfahren diejenigen auszusondern, die aus der Sicht der Theorie als nicht sinnvoll anzusehen sind.

(2) In einem zweiten Schritt werden die verbleibenden Bewertungsverfahren daraufhin untersucht, ob ihr Informationsbedarf mit vertretbarem Aufwand und hinreichender Genauigkeit erfüllt werden kann. Nur solche Bewertungsverfahren, die informationswirtschaftlich abgestützt sind, kommen für den täglichen Einsatz in Betracht. Dabei ist das Datenmaterial, das die Verlage zur Verfügung stellen, vor allem daraufhin zu untersuchen, ob die dabei vorgenommenen Messungen als valide und reliabel einzustufen sind. Zweifel an der Reliabilität können etwa aus geringen Stichprobenvolumina, solche an der Validität z. B. aus der Art der Erhebung herrühren.

(3) Anschließend sind die noch nicht ausgesonderten Bewertungsverfahren anhand empirischer Studien daraufhin zu untersuchen, ob sie plausible Ergebnisse herbeiführen. Gleichzeitig ist die Sensitivität der Ergebnisse im Hinblick auf die Wahl des Bewertungsverfahrens zu quantifizieren. Unter praxeologischer Sicht ist nur die Erörterung derjenigen Bewertungsverfahren sinnvoll, die unterschiedliche Urteile hinsichtlich der Vorteilhaftigkeit einzelner Media bewirken.

(4) Schließlich werden konkrete Empfehlungen für die Mediaplanung abgeleitet.

Es ist im Rahmen dieser Schrift weder möglich noch sinnvoll, alle Aspekte der Mediaplanung auszuleuchten. Folglich ist es unerläßlich, daß an mancher Stelle Vereinfachungen, die aber die Relevanz der Ergebnisse nicht beeinträchtigen, vorgenommen werden.

2. Die wichtigsten Ergebnisse

Nachstehend wird zunächst in Grundzügen die derzeit in der Bundesrepublik Deutschland anzutreffende Mediabeurteilungspraxis skizziert, sodann werden die Ergebnisse theoretischer Analysen verschiedener Beurteilungsverfahren vorgestellt und schließlich werden die wichtigsten Resultate einiger Simulationsuntersuchungen erörtert.

2.1 Die Praxis der Mediaplanung 1984

Überregionale Imagewerbung, d. h. Werbung, die nicht der Bekanntmachung von Sonderangeboten oder Aktionen dient, wird in der Bundesrepublik

Deutschland 1984 noch vielfach nach herkömmlicher Manier gestreut. Tausen-der-Preise und Reichweiten (Leser- bzw. Kontakt-Anzahlen) sind seit langer Zeit eingeführte Beurteilungskriterien; in jüngster Zeit ist die Affinität als weiteres Kriterium hinzugekommen. Nachstehende Tabelle gibt die Verbreitung der Kriterien der Mediabeurteilung nach einer Erhebung des Betriebswirtschaft-lichen Instituts der Universität Regensburg im Januar 1984 wieder. Diese und die nachfolgend zusätzlich aufgeführten Ergebnisse stimmen mit denen ver-gleichbarer Erhebungen überein (Tab. 1).

Tab. 1: Die Verwendung einzelner Kriterien für Zwecke der Auswahl von Media durch Mediaagenturen

Beurteilungs-kriterium	Agenturen (in %)		
	nie/selten	teilweise	häufig/immer
Anzahl der Leser	17	4	79
Anzahl der Kontakte	4	4	92
Tausend-Leser-Preis	44	4	52
Tausend-Kontakte-Preis	0	0	100
Affinität	9	17	74
sonstige Kriterien	43	13	44

Bedenkt man, daß sich unter den „sonstigen Kriterien" vor allem gering von den oben genannten Kriterien abweichende Beurteilungsmaßstäbe befinden, so wird deutlich, daß die Mediaauswahl überwiegend auf Reichweiten bzw. Tausender-Preisen, daneben aber auch auf Affinitäten aufgebaut wird. Affinitä-ten werden dabei unterschiedlich definiert und teils isoliert, teils multiplikativ bzw. teils additiv mit anderen Kriterien verknüpft zur Beurteilung von Media herangezogen.

Kontakt- und Leser-Anzahlen können je nach der Art der Bewertung einzelner Kontakte unterschiedlich quantifiziert werden. In diesem Zusammen-hang wird zwischen Personensegment-Gewichten, die für jedes Personenseg-ment spezifisch festgelegt werden, und Media-Gewichten, die Werbeträger-spezifisch sind, unterschieden. Wie häufig und gegebenenfalls nach welchen Gesichtspunkten eine Personensegment-Gewichtung vorgenommen wird, kann aus den Tabellen 2 und 3 entnommen werden.

Personensegment-Gewichte werden demnach vergleichsweise häufig bei der Bewertung von Media berücksichtigt, wenngleich ein überraschend großer Teil der Mediaplaner die unterschiedliche Wertigkeit von Kontakten mit den verschiedenen Personen noch immer vernachlässigt. Übereinstimmend werden vor allem Gesetzmäßigkeiten des Verbrauchsverhaltens als Determinanten der Personensegment-Gewichte herangezogen. Die Gewichtung der einzelnen Marktsegmente wird von den Mediaagenturen meist auf der Grundlage von Verlagsstudien vorgenommen; dabei erfolgt in vielen Fällen eine Absprache mit den Auftraggebern der Agenturen. Diese Zusammenarbeit ist aber zumeist nicht derart, daß der Streuplaner der Agentur bereits bei der Marketingplanung, in deren Rahmen üblicherweise die Bedeutung einzelner Marktsegmente festgelegt wird, mitwirkt, vielmehr wird er erst in späteren Phasen der Planung eingeschaltet.

Tab. 2: Häufigkeit der Verwendung von Personensegment-Gewichten im Rahmen der Mediaauswahl durch Mediaagenturen

Verwendung von Personensegment-Gewichten	Agenturen (in %)
nie, selten	35
etwa in der Hälfte der Fälle	9
häufig, immer	56

Tab. 3: Faktoren für die Festlegung der Personensegment-Gewichte bei der Mediabeurteilung durch Mediaagenturen

Bei der Festlegung der Personenseg-ment-Gewichte herangezogene Faktoren	Agenturen (in %)		
	nicht/selten	teilweise	meist/immer
Kauf- bzw. Verbrauchsverhalten beim beworbenen Produkt	0	16	84
Kauf- bzw. Verbrauchsverhalten bei verwandten Produkten	5	21	74
Einfluß der kontaktierten Personen auf das Kauf- bzw. Verbrauchsvolumen	16	63	21
sonstige Gesichtspunkte	63	16	21

Ebenso wie nicht alle Personensegmente grundsätzlich gleichwertig sind, sind alternative Media trotz gleicher Reichweiten und gleicher Belegkosten nicht in gleichem Ausmaß als Werbeträger geeignet. Media-Gewichte erfassen diese Wirkungsunterschiede zwischen den einzelnen Media. Die Tabellen 4 und 5 geben die Praxis der Media-Gewichtung der Werbeagenturen wieder.

Tab. 4: Häufigkeit der Verwendung von Media-Gewichten im Rahmen
der Mediaauswahl durch Mediaagenturen

Verwendung von Media-Gewichten	Agenturen (in %)
nie, selten	65
etwa in der Hälfte der Fälle	4
häufig, immer	31

Tab. 5: Faktoren für die Festlegung der Media-Gewichte bei der
Mediabeurteilung durch Mediaagenturen

Bei der Festlegung der Media-Gewichte herangezogene Faktoren	Agenturen (in %)		
	nicht	teilweise	meist/immer
Seitenkontaktwahrscheinlichkeit	61	22	17
Qualität des redaktionellen Umfelds	44	17	39
Glaubwürdigkeit bzw. Kompetenz des Mediums	44	17	39
Affinität des Mediums mit Personensegmenten	35	0	65

Sieht man einmal vom Fall einer „Gewichtung" von Media durch Affinitätswerte ab, so bleiben Media-Gewichte trotz der Erkenntnis unterschiedlicher
Wertigkeit der einzelnen Media im Rahmen der praktischen Mediaplanung
mehrheitlich unbeachtet. Die Ursache hierfür ist in erster Linie darin zu sehen,
daß schon im theoretischen Bereich nur unklare Vorstellungen darüber
herrschen, was die Qualität eines Werbeträgers für Anzeigen bestimmten Inhalts
ausmacht, und daß Informationsdefizite geltend gemacht werden.

2.2 Alternative Beurteilungsverfahren für Media — Eine logische Analyse

In vereinfachender Sicht kann das Problem der Mediaselektion in drei
Teilaspekte aufgeteilt werden:

(1) Zum einen geht es darum, ein adäquates Kriterium, anhand dessen die
Media zu beurteilen sind, auszuwählen: Hier sind vor allem die Kriterien
Reichweite, Tausender-Preis und Affinität zu erörtern.

(2) Zum anderen ist ein Personensegment-Gewichtungsmodell aufzustellen:
Dabei kommen als Komponenten unter anderem die Haushaltsgröße, die

Konsumintensität der einzelnen Personen und der Entscheidungseinfluß von in Entscheidungseinheiten (z. B. Haushalten) eingebundenen Personen in Betracht.

(3) Schließlich ist es die Aufgabe eines Media-Gewichtungsmodells, die Prinzipien bei der Beurteilung von Media — unabhängig von Reichweiten und Belegkosten — festzulegen: Dabei sind in erster Linie die Seitenkontaktwahrscheinlichkeit, die Media-Kompetenz und die Betrachtensdauer einer Seite des Mediums als Bewertungskomponenten von Interesse.

Einer logischen Analyse sollen an dieser Stelle solche Teilaspekte der Mediabewertung unterzogen werden, die bei Praktikern besonders umstritten sind: die Affinität als Mediabeurteilungskriterium, die Persönlichkeitsstärke als Faktor der Personensegment-Gewichtung und die Zuständigkeit von Media als Faktor der Media-Gewichtung.

Bei näherer Betrachtung des Affinitätskonzepts wird evident, daß eine Maximierung der Affinität mit einer Minimierung des Anteils fehlgestreuter Werbebotschaften gleichzusetzen ist und daß somit bei alleiniger Anwendung des Affinitätskonzepts der Gesamtanzahl der angesprochenen Personen keine Relevanz beigemessen wird. Die Affinität ist daher als Kriterium zur Beurteilung von Media, die die gleiche Reichweite aufweisen, geeignet, nicht aber als ein Kriterium zur Beurteilung von Media, die unterschiedlich reichweitenstark sind.

Meinungsführerschaft ist ein theoretisch und empirisch bestätigtes Konstrukt, dem im Rahmen der Werbestreuplanung Bedeutung zukommt. Die verhaltenswissenschaftliche Theorie kennzeichnet Meinungsführer als „Relaisstationen" im Kommunikationssystem; sie wirken an der Kaufentscheidung der von ihnen beeinflußten Personen in mehrfacher Hinsicht mit (Informationsfunktion, Beratungsfunktion usw.). Obwohl seit langer Zeit Einigkeit darüber herrscht, daß dem Tatbestand der Meinungsführerschaft in der Werbeträgerplanung Beachtung geschenkt werden sollte, fehlten lange Zeit geeignete Informationen zum Ausmaß der Meinungsführerschaft einzelner Personen. Diesem Informationsdefizit sollten die Ergebnisse der Untersuchung „Persönlichkeitsstärke" (SPIEGEL-Verlag, 1983) abhelfen. Unter Persönlichkeitsstärke wird dabei die Ausstrahlung bzw. psychische Kraft einer Person verstanden, die sie befähigt, auf die Entscheidungen anderer Personen Einfluß zu nehmen. Obwohl das Wissen um diese Fähigkeit von Personen bei der Mediaselektion aufschlußreich ist, kann die Verwendung dieser Variablen im Rahmen der Mediastreuplanung nur als beschränkt zielführend gelten: Eine hohe „Ausstrahlung" einer Person ist zwar eine notwendige, nicht aber eine hinreichende Bedingung dafür, daß eine Person über entsprechende Meinungsführerqualitäten verfügt. Ein Meinungsführer bedarf nach empirisch bestätigter Theorie neben dieser Charaktereigenschaft (Ausstrahlung) auch der Entscheidungsfeld-bezogenen Kompetenz. Meinungsführerschaft ist demnach nicht eine alle Produkt- bzw. Lebensbereiche umfassende Eigenschaft einer Person, sondern betrifft nur einzelne Produkt- bzw. Lebensbereiche. Wäre dem nicht so, so dürften in

Familien und ähnlichen Kleingruppen nicht deutlich ausgeprägte Kompetenz-bereiche und Entscheidungsvorrechte bestehen.

Seitens der Mediaplanungspraxis und auch der Kommunikationswissen-schaft wird allgemein der Behauptung zugestimmt, daß die Wirksamkeit eines Kontakts mit einem Medium davon abhängt, für wie kompetent Leser ein Medium im Hinblick auf einen Themen- bzw. Produktbereich einstufen. Als eine Operationalisierung für Kompetenz wird bisweilen die „Zuständigkeit" einzelner Media genannt. Gegen die Verwendung von Werten dieses Konstrukts als Faktoren für Media-Gewichte müssen allerdings Bedenken vorgebracht werden, da auch Kontakte von Lesern mit Anzeigen in Media, denen für bestimmte Produkt- oder Lebensbereiche keine positiven Zuständigkeitswerte zugemessen werden, üblicherweise Wirkungserfolge zeitigen.

2.3 Alternative Beurteilungsverfahren für Media — Eine empirische Analyse

Beurteilungskriterien und Gewichtungsschemata können nicht nur aus theoretischer Perspektive, sondern auch aus empirischer Sicht analysiert werden. Die empirische Untersuchung zielt dabei ab auf die Analyse der Vorteilhaftigkeit von Media, die aus unterschiedlichen Beurteilungsverfahren resultieren. Dabei ist sowohl die Plausibilität der Ergebnisse als auch ihre Sensitivität bezüglich einer Variation des Beurteilungsverfahrens zu beachten. Die notwendigen Sensitivitätsanalysen sind sinnvollerweise als Simulationsun-tersuchungen durchzuführen.

Simulationsuntersuchungen beziehen sich immer auf bestimmte Datenkon-stellationen; es sind somit Vorauswahlen zu treffen. Bei der vorliegenden Aufgabenstellung sind die in die Untersuchung einzubeziehenden Media, die Produktbereiche, die Beurteilungskriterien und die den Bewertungen zugrunde-liegenden Gewichtungsschemata festzulegen. An dieser Stelle soll lediglich der Einfluß, den die Wahl des Schemas der Gewichtung einzelner Personen und Media sowie die Wahl des Beurteilungskriteriums auf die Vorteilhaftigkeit der Media ausübt, dargestellt werden (Tab. 6); die Ergebnisse werden getrennt für eine Variation des Beurteilungskriteriums und eine Variation des Gewichtungs-schemas dargestellt.

Der Einfluß einer Variation des Beurteilungskriteriums auf die Rangfolgen der Media bei den vier ausgewählten Konsumgütern ist in Tabelle 7 zusammen-gestellt. Eine Maßgröße für die Ähnlichkeit der Rangfolgen ist der gewichtete Rangkorrelationskoeffizient.

Der Wert von 0,12 im Kästchen links oben in Tabelle 7 bringt beispielsweise zum Ausdruck, daß fast kein Zusammenhang zwischen der Rangreihe der Media, ermittelt auf der Basis des Tausender-Preises, und der auf der Basis der Reichweite ermittelten Rangreihe vorliegt (0,0: kein Zusammenhang; + 1,0: identische Rangfolgen der Media bei beiden Kriterien; -1,0: umgekehrte

Rangfolgen der Media). Die Wahl des Kriteriums ist also für die Beurteilung der Vorteilhaftigkeit der Media von größter Bedeutung.

Tab. 6: Beschreibung der Komponenten der Simulationsläufe

Media: Hörzu, Bunte, Stern, Spiegel, Fernsehwoche, Funkuhr, Quick, Gong, Freizeit Revue, Praline, Neue Revue, Bild+Funk, TV Hören und Sehen, Wochenend, Neue Post, Frau im Spiegel, Das Neue Blatt, Brigitte, Die Aktuelle, Tina, Für Sie, Bella, Freundin, Petra, Carina, Meine Familie+Ich, Tandem-Kombination, Basis-Vier-Kombination, Burda-Kombination, Basis-Drei-Kombination, Basis-Programm-Kombination, Basis-Zwei-Kombination, Tina-Bella-Kombination, Frauenkombination, Professional-Kombination

Produkte: (a) Zahnpasta/-creme
(b) Kartoffelknödel
(c) löslicher Bohnenkaffee
(Pulverkaffee)
(d) Weinbrand/Brandy/Cognac

· ohne Berücksichtigung der Media Stern und Spiegel

Beurteilungskriterien: (1) Reichweite
(2) Tausender-Preis
(3) Affinität

Modelle (Kombinationen verschiedener Schemata der Personensegment- und Media-Gewichtung):

(I) "Richtiges Modell": Berücksichtigung von Konsumintensität, Haushaltsgröße, Entscheidungseinfluß, Seitenkontaktwahrscheinlichkeit und Zuständigkeit und Aufteilung des Gesamtmarkts in 96 Segmente

(II) "Vereinfachendes Modell": Berücksichtigung von Konsumintensität, Haushaltsgröße und Entscheidungseinfluß und Aufteilung des Gesamtmarkts in 24 Segmente

(III) "Reales Modell": keine Berücksichtigung von Gewichtungsfaktoren mit Ausnahme des Entscheidungseinflusses nach Maßgabe des Geschlechts

Bei einer Variation des Bewertungsmodells (Personensegment- und Media-Gewichtungsschema nach Tab. 6) ergeben sich die Werte von Tabelle 8.

Die Werte in Tabelle 8 zeigen, daß der Wahl des Bewertungsmodells bei Unterstellung des Beurteilungskriteriums Reichweite weniger Relevanz zukommt als der Wahl des Beurteilungskriteriums, d.h. die Rangreihen der Vorteilhaftigkeit der Media sind einander vergleichsweise ähnlich. In den Tabellen 20 und 22 in Teil II dieser Schrift wird eine größere Anzahl von Gewichtungsschemata bzw. Beurteilungskriterien berücksichtigt.

2*

Tab. 7: Grad der Übereinstimmung der Mediarangreihen (33 bzw. 35 Titel) bei alternativen Beurteilungskriterien und Unterstellung des "richtigen Modells" (vgl. Tabelle 6) für alle 4 Produktbereiche (Werte sind gewichtete Rangkorrelationskoeffizienten)

Kriterium	1	2
1	1,00	–
2	0,12	1,00
3	-0,09	0,86

Zahnpasta/-creme

Kriterium	1	2
1	1,00	–
2	0,59	1,00
3	0,26	0,64

Weinbrand/Brandy/Cognac

Kriterium	1	2
1	1,00	–
2	0,19	1,00
3	0,10	0,87

löslicher Bohnenkaffee
(Pulverkaffee)

Kriterium	1	2
1	1,00	–
2	0,16	1,00
3	0,01	0,90

Kartoffelknödel

Tab. 8: Grad der Übereinstimmung der Mediarangreihen (33 bzw. 35 Titel) bei alternativen Modellen und Unterstellung des Beurteilungskriteriums Reichweite (vgl. Tabelle 6) für alle 4 Produktbereiche (Werte sind gewichtete Rangkorrelationskoeffizienten)

Modell	I	II
I	1,00	–
II	0,68	1,00
III	0,67	0,98

Zahnpasta/-creme

Modell	I	II
I	1,00	–
II	0,89	1,00
III	0,87	0,99

Weinbrand/Brandy/Cognac

Modell	I	II
I	1,00	–
II	0,80	1,00
III	0,84	0,98

löslicher Bohnenkaffee
(Pulverkaffee)

Modell	I	II
I	1,00	–
II	0,80	1,00
III	0,84	0,98

Kartoffelknödel

Die Angaben in den Tabellen 7 und 8 verdeutlichen exemplarisch den Einfluß, den eine Änderung des Beurteilungskriteriums bzw. des Bewertungsmodells auf die Vorteilhaftigkeit der Media ausübt. Bei allen vier Produktbereichen ergibt sich, daß die Rangfolgen der Media bei den Beurteilungskriterien Tausender-Preis und Affinität einander ähnlich sind, diese sich aber stark von den Rangfolgen unterscheiden, die auf der Basis des Kriteriums Reichweite ermittelt werden. Ferner ist festzuhalten, daß der Übergang vom „vereinfachenden" zum „realen" Modell kaum ergebnisrelevant, der Übergang vom „richtigen" zum „vereinfachenden" bzw. „realen" Modell dagegen ergebnisrelevant ist. Es besteht also die Notwendigkeit, auch die Festlegung der Gewichtungsschemata sorgfältig vorzunehmen.

2.4. Empfehlungen für die Mediaauswahl

Bedenkt man die Vielzahl möglicher Bewertungsverfahren im Rahmen der Mediaselektion, so erscheint es notwendig, diese Vielzahl unterschiedlicher und teils sich widersprechender Verfahren auf ihre Brauchbarkeit hin zu untersuchen. Aufgrund sachlogischer Überlegungen und Analysen zur Ergebnissensitivität alternativer Bewertungsansätze lassen sich folgende Ableitungen vornehmen:

(1) Mediaselektionen auf der Basis des Kriteriums Affinität sind nicht sinnvoll. Selbst die hohe Ähnlichkeit der Rangreihen, die sich bei Zugrundelegung der Kriterien Tausender-Preis und Affinität ergeben, kann nicht als Rechtfertigung der Affinität als Beurteilungskriterium gelten.

(2) Ob Mediaselektionen auf der Basis des Beurteilungskriteriums Reichweite oder des Beurteilungskriteriums Tausender-Preis vorgenommen werden sollen, läßt sich nicht abschließend beurteilen. In der Realität ist diese Wahl allerdings dann nicht relevant, wenn die Mediaselektion unter Beachtung einer fixen Budgethöhe erfolgt, da in diesem Fall die Rangreihen der Vorteilhaftigkeit der Media einander vergleichsweise ähnlich sind.

(3) Die Verwendung von Beurteilungskriterien, die aus dem Kriterium Reichweite und dem Kriterium Tausender-Preis und/oder dem Kriterium Affinität zusammengesetzt sind, ist nicht sinnvoll, da in diesen Fällen das Teilkriterium Reichweite die anderen Teilkriterien aufgrund seiner größeren Varianz dominiert.

(4) Im Rahmen der Mediaplanung muß Sorgfalt bei der Wahl der Gewichtungsschemata — sowohl der Personen als auch der Media — geübt werden. Diesen Gesichtspunkten kommt ein beachtlicher Einfluß auf das Ausmaß der Vorteilhaftigkeit der Media zu. Die Anwendung eines Modells, das weder Personensegment- noch Media-Gewichte beinhaltet, führt zu Mediarangreihen, die vergleichsweise wenig mit den Rangreihen, die sich aufgrund theoretisch richtiger Überlegungen ergeben, übereinstimmen. Die häufig anzutreffende Praxis, weder Personensegment- noch Media-Gewichte zu verwenden, führt also zu nicht-optimalen Rangreihen. Bei näherer Analyse zeigt sich, daß insbesondere die Kompetenz der Media für einzelne Themenbereiche eine sehr wichtige Einflußgröße ist.

Teil II:

Methode der Untersuchung und Ergebnisse im einzelnen

1. Das Problem der Auswahl einer Zeitschrift als Werbeträger

Die Fragestellungen, wer durch die Werbung anzusprechen ist (Zielgruppe der Werbung) und welche Aussage (Werbebotschaft) der Zielgruppe übermittelt werden soll, betreffen die Marketingplanung als Ganzes und sind daher als der Werbeplanung vorgelagert anzusehen; folgerichtig werden sie im Rahmen dieser Schrift nicht näher behandelt. Die Werbeplanung selbst umfaßt vorwiegend folgende Entscheidungsbereiche:

(1) Zuerst muß entschieden werden, über welche Kanäle das Werbemittel der Zielgruppe nahegebracht werden soll. Dabei ist im Rahmen der Intermediaplanung die Mediakategorie (Zeitungen, Zeitschriften, Fernsehen, Plakate usw.) festzulegen, im Rahmen der Intramediaplanung ist anschließend das konkrete Medium (bei Zeitschriften: Stern, Hörzu, Bunte usw.) bzw. sind die konkreten Media auszuwählen. Fragen der Inter- und Intramediaplanung sind mit unterschiedlichen Instrumentarien zu bearbeiten.

(2) Sodann ist zu entscheiden, in welches konkrete Werbemittel die Werbebotschaft umgesetzt werden soll. Die Lösung dieser Aufgabe wird als kreativer Teil der Werbeplanung bezeichnet.

(3) Ferner ist die Frage zu beantworten, wie oft die einzelnen Media geschaltet werden sollen. Im Falle einer einmaligen Belegung nur eines Mediums sind Probleme der externen oder internen Reichweitenüberschneidung nicht gegeben, bei der Beurteilung der Vorteilhaftigkeit ganzer Mediapläne dagegen spielen diese Überschneidungen sehr wohl eine Rolle.

(4) Schließlich ist die Belegung der Werbeträger in zeitlicher Hinsicht festzulegen (Timing).

Diese Probleme sind mit Hilfe einer Vorgehensweise, die gleichzeitig die genannten Aufgaben, aber auch die Festlegung des Werbebudgets einschließt, zu lösen.

In der vorliegenden Untersuchung wird allein der Fall der Auswahl eines Mediums für eine einmalige Belegung näher analysiert; Fragen im Zusammenhang mit der Dynamik der Werbewirkung entfallen damit. Ferner werden einfachheitshalber alle Überlegungen auf den Bereich der allgemeinen Zeitschriften bezogen. Sowohl Fragen nach der Funktion eines Mediums (vgl.

Tietz/Zentes, 1980) als auch Gesichtspunkte des Auftretens von Mehrfachkontakten bei einer Person (siehe z. B. die Time-Seagram-Studie, vgl. Hörzu, 1983) sind demnach nicht Gegenstand dieser Untersuchung. Die solchermaßen eingegrenzte Aufgabenstellung der Mediaselektion kann damit wie folgt skizziert werden: Ausgewählte Zeitschriften (bzw. Rabattkombinationen von Zeitschriften) sind in eine eindeutige Rangreihe der Vorteilhaftigkeit zu bringen, wobei verschiedene Kriterien der Mediabeurteilung und der Gewichtungsschemata zu beachten sind.

2. Die Praxis der Mediabeurteilung Anfang 1984

Um zumindest eine grobe Vorstellung von der derzeit vorherrschenden Praxis der Mediaselektion für Zwecke der überregionalen Imagewerbung (Werbung, die nicht primär der Bekanntmachung von Sonderangeboten oder Aktionen dient) zu gewinnen, wurde im Januar 1984 eine Umfrage unter den größten Werbeagenturen der Bundesrepublik Deutschland durchgeführt. Diese Befragungsaktion sollte Auskunft darüber geben,

— ob und, wenn ja, wie die werbliche Bedeutung einzelner Personen im Rahmen der Mediaplanung berücksichtigt wird,
— ob und, wenn ja, wie die unterschiedliche Qualität einzelner Media im Rahmen der Mediaplanung beachtet wird und
— nach welchen Kriterien Media beurteilt werden.

2.1 Zur Gültigkeit der Befragungsergbnisse

Die Zielgruppe der Umfrageaktion umfaßte die 26 Werbeagenturen, die 1983 der Gesellschaft Werbeagenturen (GWA) angehörten, sowie 6 der bedeutendsten Serviceagenturen für Werbestreuung. Von den 32 angeschriebenen Gesellschaften antworteten bis zum 27. 02. 1984 insgesamt 23, dies entspricht einer Rücklaufquote von 71,9 Prozent. Die 18 GWA-Werbeagenturen, deren Antworten in die Auswertung gelangten, kanalisieren insgesamt ca. 40 % der für regionale und überregionale Werbung in klassischen Media verausgabten Budgets. Deshalb können die Ergebnisse der Umfrage trotz der geringen Stichprobengröße als ein verläßlicher Indikator für die derzeit vorherrschende Bewertungspraxis angesehen werden.

Die Gültigkeit der Ergebnisse der referierten Umfrage kann nicht zuletzt auch deshalb als sehr hoch eingestuft werden, weil die Werte sehr gut mit den Ergebnissen einer Umfrage der Verlagsgruppe Bauer im März 1984 (Kiss, 1984) harmonieren. Basis der Ergebnisse dieser zweiten Umfrage waren die Urteile von 50 Mediaplanern in verschiedenen Agenturen (Rücklaufquote 49,0 %).

2.2 Die zur Mediabeurteilung herangezogenen Kriterien

Ein vordringliches Erkenntnisziel der Umfrage bestand darin, Informationen über die Häufigkeit der Verwendung verschiedener Beurteilungskriterien für Media zusammenzutragen. Jeder Agentur stand es offen, mehrere Kriterien anzugeben. Tabelle 9 enthält die Ergebnisse auf die entsprechende Frage.

Tab. 9: Beurteilungskriterien in der Mediaplanung (Basis: 23 Agenturen; Quelle: eigene Erhebung; vgl. Tab. 1)

Frage: "Welche Kriterien verwenden Sie entweder einzeln oder als Bausteine einer umfassenden Beurteilung einzelner Media bzw. Streupläne?"	...berücksichtigen wir		
	nie/ selten	teil- weise	häufig/ immer
	Agenturen (in %)		
Anzahl der Leser	17	4	79
Anzahl der Kontakte (inkl. Gross Rating Point)	4	4	92
Tausend-Leser-Preis	44	4	52
Tausend-Kontakte-Preis	0	0	100
Affinität	9	17	74
sonstige Kriterien	43	13	44

Danach werden im Rahmen eines Mediabeurteilungsvorgangs durchschnittlich ca. 4 Kriterien herangezogen. Die entsprechenden Ergebnisse der Umfrage der Verlagsgruppe Bauer sind in Tabelle 10 wiedergegeben.

Tab. 10: Beurteilungskriterien in der Mediaplanung (Basis: 50 Mediaplaner; Quelle: Kiss, 1984)

Verwendete Kriterien der Mediabeurteilung	Mediaplaner (in %)
Anzahl der Leser (Reichweite)	75
Anzahl der Kontakte	23
Tausend-Leser-Preis	23
Tausend-Kontakte-Preis	73
Affinität	77
themenverwandtes Umfeld	44
Auflagenentwicklung	35

Nach dieser Studie werden im Rahmen eines Mediabeurteilungsvorgangs durchschnittlich ca. 3,5 Kriterien herangezogen. Übereinstimmend sind nach beiden Studien Reichweite, Tausend-Kontakte-Preis und Affinität die dominierenden Beurteilungskriterien; die sonst genannten Kriterien (themenverwandtes Umfeld, Auflagenentwicklung usw.) werden eher bei der Vorselektion der Titel als bei der endgültigen Beurteilung der Titel herangezogen.

Tabelle 11 zeigt, daß unter Affinität unterschiedliche Sachverhalte verstanden werden.

Tab. 11: Definitionen von Affinität (Basis: 23 Agenturen, eine Agentur gab zwei sich widersprechende Definitionen an; Quelle: eigene Erhebung)

Affinitätsdefinitionen	Agenturen (in %)
$\dfrac{\dfrac{\text{Anzahl der Zielgruppenmitglieder, die Medium nutzen}}{\text{Umfang der Gesamtbevölkerung, die Medium nutzt}}}{\dfrac{\text{Anzahl der Zielgruppenmitglieder in Gesamtbevölkerung}}{\text{Umfang der Gesamtbevölkerung}}}$	17
$\dfrac{\text{Anzahl der Zielgruppenmitglieder, die Medium nutzen}}{\text{Umfang der Gesamtbevölkerung, die Medium nutzt}}$	61
"Nach Kauf-/Konsum-/Entscheidungsverhalten"	4
Sonstiges	22

Offensichtlich bestehen also bei der Definition der Affinität erhebliche Meinungsverschiedenheiten.

2.3. Die Gewichtung von Personensegmenten für Zwecke der Mediabeurteilung

Personensegment-Gewichte dienen dazu, die unterschiedliche Bedeutung von Personen im Rahmen der Mediaplanung zu berücksichtigen. So ist unstrittig, daß für Hersteller von Kartoffelknödeln die Bewohner von Bayern wichtigere Ansprechpartner sind als die von Schleswig-Holstein, wenngleich auch die letzteren als Zielgruppe der Werbung nicht vernachlässigt werden sollen. Wie bei der Segment-Gewichtung derzeit vorgegangen wird, macht Tabelle 12 deutlich.

Die Erkenntnis, daß nicht alle Personen als Kontaktpersonen gleichwertig sind, wird somit nur beschränkt im Rahmen der Mediaplanung verwertet. Meist werden zahlenmäßig sehr begrenzte Zielgruppen definiert und allein diese Personen als relevant sowie alle übrigen als für die Werbung irrelevant qualifiziert. Als Argumente gegen eine feiner differenzierende Bewertung verschiedener Personensegmente werden insbesondere Praktikabilitätsgesichtspunkte angeführt.

Soweit Personen nach ihrer Bedeutung als Kontaktpersonen gewichtet werden, legen die Mediaplaner in den Agenturen die Gewichte in der Regel auf der Grundlage von Verlagsuntersuchungen fest.

Tab. 12: Die Verwendung von Personensegment-Gewichten bei der Mediabeurteilung (Basis: 23 Agenturen; Quelle: eigene Erhebung; vgl. Tab. 2)

Frage: "Berücksichtigen Sie im Rahmen der Mediaplanung unterschiedliche Gewichte für einzelne Teile der Gesamtbevölkerung?"	Agenturen (in %)
nie	9
selten	26
etwa in der Hälfte der Fälle	9
häufig	22
immer	34

Tab. 13: Die Verwendung verschiedener Faktoren für die Festlegung von Segment-Gewichten (Basis: 19 Agenturen; Quelle: eigene Erhebung; vgl. Tab. 3)

Frage: "Welche Gesichtspunkte bedenken Sie bei der Festlegung der Segment-Gewichte?"	Agenturen (in %)		
	nicht	teilweise	meist/immer
Kauf- bzw. Verbrauchsverhalten beim beworbenen Produkt	0	16	84
Kauf- bzw. Verbrauchsverhalten bei verwandten Produkten	5	21	74
Einfluß der kontaktierten Personen auf das Kauf- bzw. Verbrauchsvolumen	16	63	21
sonstige Gesichtspunkte	63	16	21

Soweit Personensegment-Gewichte im Rahmen der Mediaplanung Verwendung finden, wird überwiegend das Kauf- bzw. Verbrauchsverhalten sowohl bezüglich des beworbenen Produkts als auch bezüglich verwandter Produkte berücksichtigt; bei letzteren wird an substitutive oder komplementäre Produkte in bezug auf das beworbene Produkt gedacht. Darüber hinaus berücksichtigen viele Agenturen — in irgendeiner Weise! — den Einfluß der Personen auf das Kauf- bzw. Verbrauchsvolumen. Sonstige Faktoren spielen bei der Festlegung des numerischen Werts der Personensegment-Gewichte nur eine untergeordnete Rolle. Als Informationsquellen für die Ableitung von Personensegment-Gewichten nennen die Planer in den Mediaagenturen explizite Vorgaben durch den Auftraggeber der Mediaplanung, Diskussionen mit dem Auftraggeber und die bereits seit Jahren verfügbaren Datensysteme der Verlage und Marktforschungsinstitute (Tab. 14).

Tab. 14: Informationsquellen für die Bestimmung von Personenseg-
         ment-Gewichten (Basis: alle Planungsfälle von 19 Agentu-
         ren; Quelle: eigene Erhebung)

Frage: "Wie leiten Sie die einzelnen Segment-Gewichte ab?"	Planungsfälle (in %)
Sie werden von den Auftraggebern (Werbung-treibenden) vorgegeben.	8
Wir bestimmen sie im Einvernehmen mit den Kunden, ohne auf spezielle Untersuchungen zurückzugreifen.	10
Wir bestimmen sie auf der Grundlage von Studien der Verlage zum Verbrauchs- bzw. Kaufverhalten.	76
Wir bestimmen sie aufgrund sonstiger Untersuchungen.	6

Die Verbrauchsuntersuchungen der Verlage stellen das für die Personensegment-Gewichtung mit Abstand am häufigsten genutzte Informationsmaterial dar; in vergleichsweise wenigen Fällen präzisieren die Auftraggeber der Mediaplanung selbst die Personensegment-Gewichte.

Eine bisweilen intensiv diskutierte Frage bei der Festlegung der Werte der Personensegment-Gewichte ist diejenige, ob die Gewichte für Segmente, die mittels mehrerer Eigenschaften definiert sind, mit Hilfe einer Zell- oder Randgewichtung abgeleitet werden sollen (Freter, 1974). Eine Zellgewichtung liegt dann vor, wenn das Gewicht für ein Segment direkt angegeben wird; eine Randgewichtung dann, wenn zunächst je Ausprägung der einzelnen Eigenschaften ein Gewicht festgelegt und einem Segment anschließend das Produkt der Gewichte beigemessen wird, die den Ausprägungen der einzelnen Eigenschaften, mittels derer das Segment definiert worden ist, zugeordnet worden waren. Bei mangelnder Unabhängigkeit der Eigenschaften führt eine Randgewichtung zu verzerrten Ergebnissen. Tabelle 15 gibt die Praxis der Mediaagenturen im Hinblick auf diesen Aspekt wieder.

Tab. 15: Häufigkeit der Zellgewichtung bei der Festlegung von Personensegment-Gewichten (Basis: 19 Agenturen; Quelle: eigene Erhebung)

Frage: "Wenn Sie Personen nach mehreren Merkmalen beschreiben, welche Vorgehensweise bei der Personengewichtung wählen Sie in diesem Fall?" Häufigkeit der Zellgewichtung nach Planungsfällen	Agenturen (in %)
- nicht/sehr selten	21
- vergleichsweise selten	32
- vergleichsweise oft	11
- sehr oft/immer	36

Wie Tabelle 15 ausweist, wird relativ häufig nach dem Prinzip der Randgewichtung vorgegangen, die zwar einfach handhabbar, aber selten zu richtigen Resultaten führt.

Von entscheidender Bedeutung für die Ergebnisse der Mediabeurteilung ist es auch, welche numerischen Werte den einzelnen Personensegmenten zugewiesen werden. Tabelle 16 beinhaltet verschiedene Muster der Gewichtung von Personensegmenten; sie gibt das Profil eines „durchschnittlichen" Planungsfalls wieder, wobei nur drei Gewichtungsschemata unterschieden werden.

Tab. 16: Muster der Gewichtung von Personensegmenten (Basis: 19 Agenturen; Quelle: eigene Erhebung)

Frage: "Welche numerischen Gewichte legen Sie üblicherweise oder durchschnittlich für die einzelnen Personensegmente fest?"				Agenturen (in %)
Gewichtungsschema	Gewicht für Kernzielgruppe	durchschnittliches Gewicht für sonstige wichtige Segmente	durchschnittliches Gewicht für weniger wichtige Segmente	
1	1,00	0,00	0,00	21
2	1,00	0,63	0,00	42
3	1,00	0,67	0,25	37

In etwa einem Fünftel der Planungsfälle steht allein das Kernsegment im Blickfeld der Werbeanstrengungen, in etwa einem Drittel der Planungsfälle wird auch weniger wichtigen Segmenten eine merkliche Bedeutung im Rahmen der Mediaplanung beigemessen.

2.4 Die Gewichtung von Media für Zwecke der Mediabeurteilung

Ebenso wie nicht alle Personen als Kontaktpersonen gleichwertig sind, sind auch bei gleichen Reichweiten und identischen Belegkosten nicht alle Media als Werbeträger in gleichem Ausmaß geeignet. Die Wirksamkeitsunterschiede zwischen den Media werden durch Media-Gewichte erfaßt. Die Tabellen 17 und 18 geben über die Praxis der Verwendung von Media-Gewichten Aufschluß.

Tab. 17: Verwendung von Media-Gewichten bei der Mediabeurteilung
(Basis: 23 Agenturen; Quelle: eigene Erhebung; vgl. Tab. 4)

Frage: "Berücksichtigen Sie im Rahmen der Mediaplanung unterschiedliche Gewichte für die einzelnen Media?"	Agenturen (in %)
nie	26
selten	39
etwa in der Hälfte der Fälle	4
häufig	22
immer	9

Tab. 18: Die Bedeutung verschiedener Faktoren für die Festlegung von Media-Gewichten (Basis: 23 Agenturen; Quelle: eigene Erhebung; vgl. Tab. 5)

Frage: "Falls Sie Media-Gewichte bei der Mediaplanung einbeziehen, welche Gesichtspunkte berücksichtigen Sie bei ihrer Festlegung?"	Agenturen (in %)		
	nicht/ selten	teil- weise	meist/ immer
Seitenkontaktwahrscheinlichkeit	61	22	17
Qualität des redaktionellen Umfelds	44	17	39
Glaubwürdigkeit bzw. Kompetenz des Mediums	44	17	39
Affinität des Mediums mit Personensegmenten	35	0	65

Sieht man einmal vom Fall einer „Media-Gewichtung" durch Affinitätswerte ab, so bleiben Media-Gewichte im Rahmen der Mediaplanung vielfach unberücksichtigt. Die in die Umfrage einbezogenen Mediaplaner der Agenturen machten hierfür Defizite in der theoretischen Grundlagenforschung und im Datenangebot geltend.

3. Die Grundzüge einer datengestützten Theorie der Mediabeurteilung im Intramediabereich

Die ausgehenden sechziger und beginnenden siebziger Jahre waren durch eine wahre Flut wissenschaftlicher Beiträge zur Mediaplanung gekennzeichnet; diese Forschungsergebnisse können wohl zurecht als theoretisch konzipiert und auf die Optimierung der Mediastreuung angelegt (Buchmann, 1973) bezeichnet werden. Nur ganz am Rande wurde dabei auch die Frage angegangen, woher die Daten für die praktische Anwendung der vielfältigen Modelle genommen werden sollen (Freter, 1974; Schweiger, 1974). Nach einem Jahrzehnt der Bemühungen um eine Verbesserung der Daten erscheint es nun angebracht, erneut die Frage der Form der Mediabeurteilung aufzugreifen — nun unter Berücksichtigung eines wesentlich verbesserten Informationsstandes.

Wie die Ausführungen in diesem Teil aufzeigen werden, bedarf es keiner grundsätzlichen Revision der Theorie der Mediaplanung, wohl aber der Beschaffung zusätzlicher Daten.

3.1. Mediaplanung und Marketingplanung

Die Forderung nach einem integrierten Marketingansatz gehört zu den Paradigmen bzw. Essentials der Marketing-Theorie (siehe Nieschlag/Dichtl/Hörschgen, 1985; Meffert, 1982; Böcker/Thomas, 1981). Bezieht man diese Forderung auf das in dieser Schrift behandelte Thema Mediaselektion, so bedeutet dies, daß die relativ detailorientierte Mediaplanung mit der ganzheitlich ausgerichteten Marketingplanung abgestimmt werden muß.

Aus dem Postulat einer in die Marketingplanung integrierten Mediaplanung ist die Forderung abzuleiten, daß die grundlegenden Segmentierungsvorstellungen nicht erst im Zusammenhang mit der Mediaplanung, sondern bereits im Zusammenhang mit der der Mediaplanung zeitlich und sachlich vorgelagerten Marketingplanung entwickelt werden müssen. Diese an sich einsichtige Folgerung wird in der Planungspraxis allerdings selten hinreichend berücksichtigt, vielmehr werden häufig im Rahmen der mittelfristigen Marketingplanung nur allgemeine Vorstellungen über die wünschenswerte Positionierung des Produkts und die Zielgruppen entwickelt, die im Rahmen der nachgelagerten Planung dann — fast beliebig! — konkretisiert werden.

Aus dem allgemein anerkannten Postulat einer „Marketingpolitik aus einem Guß" muß also für die Mediaplanung und damit auch für die Mediabeurteilung die Forderung abgeleitet werden, die Auswahl und Gewichtung der für die Mediastreuung bedeutsamen Marktsegmente nicht allein zum Gegenstand der

Mediaplanung zu machen. Die Segmentbewertung ist Kern der mittel- bis langfristigen Marketingplanung und muß somit als Vorgabe für alle Teilpolitiken des Marketing gewertet werden.

Daher werden im Rahmen dieser Schrift die nachstehend genannten und häufig im Zusammenhang mit der Mediaselektion bzw. Mediabewertung behandelten Fragestellungen nicht näher erörtert, sondern nur kurz angedeutet:

(1) Anhand welcher Merkmale sollen Segmente von potentiellen Käufern definiert werden (Segmentierungsvariablen)?

(2) Wieviel Personensegmente sollen für Zwecke der Marketing- und Kommunikationsplanung gebildet werden?

Diese Fragen sind im Rahmen der Marketingplanung zu erörtern (vgl. Böhler, 1977; Lilien/Kotler, 1983). Eine adäquate Verwirklichung der Idee der Marktsegmentierung beinhaltet dabei zum einen die Erfüllung einer marktforscherischen und zum anderen einer marketingpolitischen Aufgabenstellung. Der Marktforschung kommt hierbei die Aufgabe zu, die das Konsum- und Informationsverhalten steuernden Variablen aufzudecken und die Gesamtheit der potentiellen Abnehmer anhand dieser Variablen zu charakterisieren. Die Umsetzung dieser Erkenntnisse der Marktforschung in mögliche Politiken erfolgt im Rahmen der Marketingplanung.

Jegliche Segmentierung von Marktteilnehmern erfolgt auf der Grundlage von Merkmalen, die die Marktteilnehmer einzeln oder als Gruppe aufweisen. Dabei sind folgende Merkmale bzw. Merkmalsbündel zu beachten, deren Tauglichkeit für Zwecke der Segmentbildung kurz anzusprechen ist:

(1) Variablen des realisierten Konsumverhaltens: Diese Variablen sind grundsätzlich als Basis für die Abgrenzung einzelner Marktsegmente geeignet, wenn als Abnehmer des Produkts, für das die Marketingplanung vorgenommen wird, lediglich die bisherigen Käufer der entsprechenden Produktkategorie ins Auge gefaßt werden. Bei einer Marktsegmentierung auf der Basis von Variablen des realisierten Konsumverhaltens geht man also nicht davon aus, daß der Markt erweitert werden soll, sondern strebt implizit nur eine Veränderung der Marktanteile an.

(2) Einstellungen und sonstige psychographische Variablen: Diese Variablen werden überwiegend als die das Produktwahl- und Markenwahlverhalten determinierenden Größen angesehen, sie stellen daher die geeigneten Variablen für eine längerfristig orientierte Positionierung eines Produkts bzw. einer Marke dar. Insbesondere ist es mit Hilfe einer Segmentierung auf der Grundlage von Einstellungen und sonstigen psychographischen Variablen möglich, auch unausgeschöpfte Märkte (Marktlücken) aufzudecken.

(3) Variablen des Einkaufsverhaltens: Diese Variablen werden zur Erklärung des Einkaufsverhaltens herangezogen, ihnen kommt daher in erster Linie

Bedeutung für Zwecke der Steuerung der Distribution und der Verkaufsförderung zu.

(4) Variablen des Informations- und Entscheidungsverhaltens: Diese Variablen werden vor allem zur Steuerung kommunikationspolitischer Maßnahmen benötigt.

(5) Soziodemographische Variablen: Diese Variablen hängen häufig eng mit Variablen des Kauf- bzw. Konsumverhaltens zusammen. Allerdings ist der Zusammenhang nur selten als kausal anzusehen. In den meisten Fällen ist der beobachtete Zusammenhang auf eine mehr oder weniger hohe Korrelation mit für das Kauf- bzw. Konsumverhalten ursächlichen Variablen zurückzuführen. Soziodemographischen Variablen kommt neben dieser Statthalterfunktion häufig auch noch die Aufgabe zu, die Segmente zu beschreiben.

Wie diese Aufstellung ausweist, sind einige Variablen nur für einzelne Teilbereiche der Marketingpolitik relevant. Allgemeingültige Empfehlungen, nach welchen Variablen oder Variablenkombinationen der oben genannten Kategorien Segmente gebildet werden sollen, können nicht gegeben werden. Variablen, anhand denen eine Segmentbildung vorgenommen wird, werden erklärende oder aktive Segmentierungsvariablen genannt; mit ihrer Hilfe läßt sich ein bestimmter Marktteilnehmer eindeutig als einem konkreten Segment zugehörig identifizieren. Den übrigen Variablen, die meist nicht in einem eindeutigen Zusammenhang mit den aktiven Segmentierungsvariablen stehen, kommt im Gegensatz dazu nur eine beschreibende Funktion zu; sie werden als passive Segmentierungsvariablen bezeichnet. Den Zusammenhang zwischen den verschiedenen Variablenkategorien, der für die Mehrzahl der Segmentierungsfälle Gültigkeit besitzt, macht Abbildung 1 deutlich.

Um „präzise" Segmentierungen vornehmen zu können, sind umfangreiche, repräsentativ angelegte Datensätze notwendig, wie sie für den Bereich der Bundesrepublik erst seit einigen Jahren in entsprechender Qualität vorliegen. Solche umfassenden Datensammlungen, die als Basis von Marktsegmentierungen herangezogen werden können, sind vor allem die Allensbacher Werbeträger-Analyse (Institut für Demoskopie Allensbach, 1984) und die Verbraucher-Analyse (Axel Springer Verlag AG / Verlagsgruppe Bauer, 1983).

Kontinuierlich betriebene und systematisch geplante Marktsegmentierung ist nur dann möglich, wenn solche Produkt-übergreifenden und viele Facetten des menschlichen Verhaltens abdeckende Untersuchungen vorliegen. Diese Datensysteme stellen die Basis einer modernen Marketingplanung und auch einer darauf aufbauenden Mediaplanung dar.

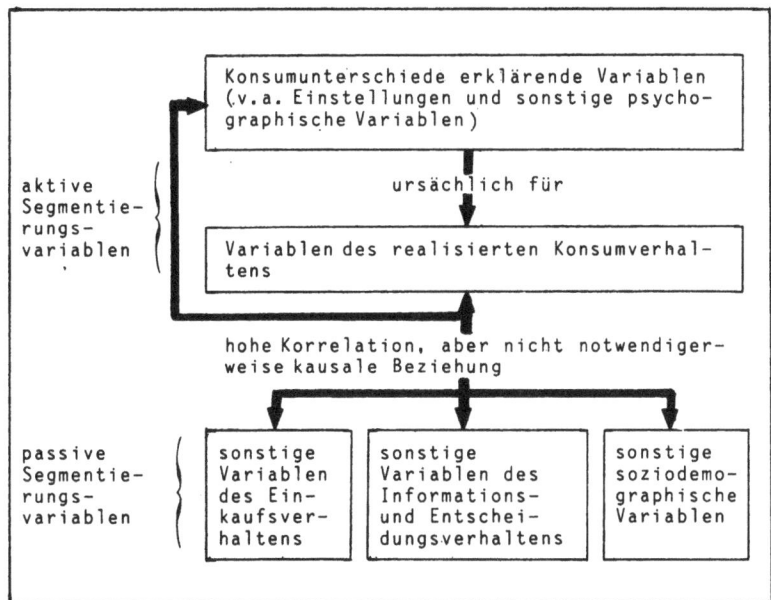

Abb. 1: Das System der für die Segmentierung von Konsumgüter-
märkten relevanten Gruppen von Variablen

3.2. Die Theorie der Mediabeurteilung als Basis einer systematischen Mediaauswahl

In vereinfachender Betrachtungsweise ergeben sich für die Mediaplanung im Intramediabereich folgende Rahmenbedingungen:

(1) Aus Überlegungen im Zusammenhang mit der Marketingplanung ergibt sich eine klare Identifikation der anzusprechenden Segmente nach Kern- und Randzielgruppen. Für einen Hersteller hochpreisiger Früchtejoghurts mag sich beispielsweise folgendes System von Marktsegmenten ergeben haben: Kernzielgruppen der marketingpolitischen Bemühungen stellen diejenigen Haushalte dar, die bei ihren Markenwahlentscheidungen dem Genußaspekt mehr Gewicht als dem Gesundheitsaspekt beimessen (psychographische Beschreibung), die in Nielsen II einkaufen (Beschreibung nach der Geographie) und die vergleichsweise kaufkraftstark sind (soziodemographische Beschreibung). Als Nebenzielgruppen mögen einige analog definierte Segmente gebildet worden sein, als nicht interessant sollen beispielsweise alle Haushalte außerhalb der Region Nielsen II gelten.

(2) Im Rahmen übergeordneter Überlegungen ist das Budget und die kommunikationspolitische Funktion der Werbung in Zeitschriften (z. B. Schaffung/Stärkung eines bestimmten Images) bereits festgelegt.

(3) Auch die Frage nach der Auswahl des Werbemittels und des Werbezeitpunkts gilt als bereits entschieden.

Liegen diese Voraussetzungen vor, was ein häufig auftretender Fall ist, so tritt das in dieser Schrift betrachtete Planungsproblem auf. Qualitative Aspekte, die die Funktionen der Mediawerbung im Gesamt-Marketing-Konzept betreffen, sind an dieser Stelle nicht mehr zu erörtern. Es geht jetzt also nur noch darum, durch eine geeignete Streuung des Werbemittels eine möglichst hohe Werbewirkung zu erzielen. Entsprechend der eingangs der Arbeit getroffenen Einschränkungen wird hier der Fall der Auswahl eines einzigen Mediums bei Einmalbelegung behandelt. Probleme, die sich aus der Schaltung von Media-Kombinationen ergeben, bleiben daher außerhalb der Betrachtung.

Ausgangspunkt jeder Mediaplanung ist die Beurteilung einzelner Media anhand der Kontakt-Anzahl. Die Wertigkeit eines solchen Kontakts eines Lesers mit einer Zeitschrift hängt nach Ansicht der Fachleute von drei Faktoren ab:

(1) Von der kontaktierten Person: Ein Kontakt mit einer Person, die über eine hohe Kaufkraft, über einen starken Einfluß auf das Kaufverhalten anderer Personen usw. verfügt, ist von größerer Bedeutung als ein Kontakt mit einer Person, die nur über eine geringe Kaufkraft oder geringe Meinungsführerqualitäten usw. bezüglich des relevanten Produkts verfügt.

(2) Vom Medium, durch das der Kontakt zustandekommt: Die im Rahmen der Media-Analyse und vergleichbarer Studien publizierten Kontakt-Anzahlen beziehen sich ohne Ausnahme auf das Medium als Ganzes. Sie bringen zum Ausdruck, mit welcher Wahrscheinlichkeit eine Person des vorab bezeichneten Segments eine bestimmte Nummer eines Zeitschriftentitels zu Gesicht bekommt. Damit ist aber noch nicht zum Ausdruck gebracht, wie wahrscheinlich der Kontakt mit einer bestimmten Seite derselben Nummer ist. Weichen also die Seitenkontaktwahrscheinlichkeiten einzelner Titel merklich voneinander ab, so muß dies im Rahmen der Mediastreuung berücksichtigt werden. Die Seitenkontaktwahrscheinlichkeit wird dabei als die Wahrscheinlichkeit definiert, daß eine Person, die die entsprechende Nummer der Zeitschrift gesehen hat, auch eine bestimmte Seite im Innenteil der Zeitschrift (bzw. eines Teils des Innenteils) beachtet.

Neben der Seitenkontaktwahrscheinlichkeit ist auch die Kompetenz eine den Media inhärente Eigenschaft. Daß die Media in dieser Hinsicht unterschiedliche Niveaus aufweisen, wird von Fachleuten nicht bestritten, wie diese Variable aber inhaltlich zu beschreiben ist, wird in den meisten Fällen nicht näher präzisiert. Zumeist wird dabei von der Vorstellung ausgegangen, daß die einzelnen Zeitschriften ein unterschiedliches Ausmaß an Glaubwürdigkeit besitzen. So wird z. B. angenommen, daß eine Anzeige für einen Personenkraftwagen in einer Motorsport-Zeitschrift je Person einen höheren Werbeerfolg bewirkt als dieselbe Anzeige, die diese Person in einer Frauenzeitschrift sieht. Bei näherer Umschreibung der Mediakompetenz werden häufig Ausdrücke wie „Qualität des redaktionellen Umfelds", „Eignung des Mediums für die Produktklasse" etc. herangezogen.

(3) Von der Häufigkeit der Kontakte einer Person mit der Anzeige: Es ist nicht anzunehmen, daß der Werbeerfolg einer Anzeige proportional mit der Anzahl der Kontakte eines Lesers mit der Anzeige zunimmt. Je nach Aufnahmegeschwindigkeit bzw. Wirkungsintensität der einzelnen Kontakte können die in Abbildung 2 prototypisch dargestellten Wirkungskurven unterstellt werden.

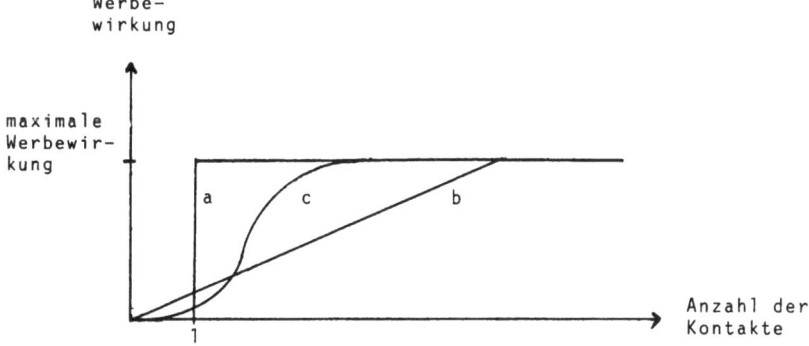

Abb. 2: Die Wirkung alternativer Anzahlen von Kontakten auf eine Person

Wenn angenommen wird, daß bereits beim ersten Kontakt mit einer Person die maximale Wirkung erreicht wird, ist eine Wirkungskurve vom Typ a angemessen. Dies dürfte jedoch ein relativ seltener Grenzfall sein; ebenso wie der Fall b, bei dem eine konstante Wirkungszunahme unterstellt wird. Die größte empirische Relevanz wird der Wirkungskurve vom Typ c zugeschrieben, deren Verlauf dadurch gekennzeichnet ist, daß bei geringen Kontakt-Anzahlen gewisse psychische Hemmnisse gegen die Entfaltung der Werbewirkung bestehen und bei hohen Kontakt-Anzahlen Sättigungserscheinungen auftreten.

Die soeben angegebenen Faktoren differenzieren die Wertigkeit des Kontakts eines Mediums mit einer Person. Darüber hinaus hängt der Werbeerfolg naturgemäß auch von der Anzahl der kontaktierten Personen ab. Diese wird als Reichweite bezeichnet, wobei zwischen der quantitativen und der qualitativen Reichweite unterschieden wird. Unter der quantitativen Reichweite eines Mediums versteht man die Anzahl der Personen, die vom Medium erreicht werden, unter der qualitativen Reichweite eines Mediums dagegen die Anzahl der vom Medium erreichten Personen, wobei die Personen und das Medium mit den für sie spezifischen Gewichten versehen werden. Die qualitative Reichweite

3*

eines Mediums im Falle der einmaligen Schaltung nur eines Mediums kann wie folgt definiert werden:

$$\sum_l K_{il}\alpha_i\beta_l$$

K_{il}: Anzahl der durch Medium i in Personensegment l hergestellten Kontakte

α_i: Media-Gewicht für Medium i

β_l: Personensegment-Gewicht für Personensegment l

In vielen Fällen werden die Kontakt-Anzahlen K_{il} auch als Prozentsätze der Bundesbevölkerung ab 14 Jahren angegeben.

Ist nur die einmalige Schaltung eines Mediums Gegenstand der Mediaplanung, so ist die Anzahl der Kontakte mit der Zeitschrift mit der Anzahl der Leser der Zeitschrift weitgehend identisch. Bei Streuplänen, die eine größere Anzahl von Media bzw. mehrere Nummern eines Mediums umfassen, ist die Anzahl der Kontakte (Bruttoreichweite) deutlich größer als die Anzahl der durch diesen Streuplan kontaktierten Personen (Nettoreichweite). Diese Unterscheidung kann hier allerdings unbeachtet bleiben, da Rabattkombinationen von Media — insbesondere Rabattkombination von Media mit nahezu identischer Leserschaft — im empirischen Teil dieser Schrift nur eine untergeordnete Rolle spielen.

Alternativ zur quantitativen bzw. qualitativen Reichweite wird als Kriterium der Mediaselektion auch der Tausender-Preis herangezogen. Je nachdem, ob dem Tausender-Preis die quantitative oder die qualitative Reichweite zugrunde liegt, spricht man vom quantitativen oder vom qualitativen Tausender-Preis. Der qualitative Tausender-Preis auf der Basis von Kontakt-Anzahlen ist wie folgt definiert:

$$\text{qual. Tausender-Preis} = \frac{\text{Belegkosten von Medium } i}{\text{qualitative Reichweite von Medium } i} \times 1000$$

Eine Aussage darüber, ob die Reichweite oder der Tausender-Preis das richtige Kriterium zur Beurteilung von Media darstellt, ist aus theoretischer Sicht nicht möglich. Beiden Kriterien ist im Rahmen der Mediaplanung Rechnung zu tragen.

Reichweiten- und Tausender-Preis-Werte stellen aus der Sicht der Theorie diejenigen Größen dar, anhand denen Media beurteilt werden sollen. Insofern besteht seit etwa 25 Jahren ein Konsens, der allerdings dann endet, wenn es um die Quantifizierung der einzelnen Gewichte bzw. die Verarbeitung bestimmter Informationen zu Gewichtungsgrößen geht. Um das Problem der numerischen Bestimmung der einzelnen Bewertungsbestandteile näher behandeln zu können, bedarf es daher zunächst einer Skizze der wichtigsten Daten, die für Zwecke der Mediabeurteilung gemeinhin herangezogen werden.

4. Einige allgemein zugängliche Datensysteme für die Mediabeurteilung — Eine Übersicht

Datengestützte Mediaplanung setzt das Vorhandensein zugänglicher Daten voraus. Es ist daher geboten, die wichtigsten Datenquellen kurz zu skizzieren und den Gegenstand der einzelnen Datensysteme herauszuarbeiten (Tab. 19). Auf die Beurteilung der Validität und Reliabilität der angebotenen Daten soll dabei verzichtet werden. Eine tiefergehende Analyse der einzelnen Datensammlungen ist an dieser Stelle nicht möglich, da eine solche Analyse allein schon eine Schrift diesen Umfangs füllen würde (teilweise enthält Tab. 19 nicht mehr den jeweils jüngsten Datenbestand).

5. Eine Analyse der Praxis der Mediabeurteilung im Intramediabereich

Die Theorie zur Mediabeurteilung ist wenig umstritten. Divergierende Meinungen ergeben sich aber dann, wenn es um die Umsetzung der theoretischen Überlegungen in praktische Planungsprozeduren geht. Dabei stehen nicht die Kontakt-Anzahlen oder die Kosten der Belegung der Media im Mittelpunkt der Diskussion, sondern die Gewichtungswerte bzw. Werte, die als Ersatzgrößen hierfür gehalten werden (Affinität als Mediagewicht).

Eine Möglichkeit, das Gewichtungsproblem zu lösen, besteht darin, der Bewertung subjektive Daten, die von den für die Mediaauswahl Verantwortlichen festgelegt wurden, zugrundezulegen (Prinzip des Decision Calculus, Little, 1970). Diese Art der Datensammlung empfiehlt sich in diesem Falle allerdings nicht, da es sich um ein häufig auftretendes Planungsproblem handelt und ein großer Anteil der Mediaplaner nicht in der Lage ist, aus Gesamt-Marketingsicht adäquate Gewichtungsgrößen festzulegen. Somit sind objektive — d. h. interpersonell überprüfbare — Daten für eine rationale Mediabeurteilung dringend vonnöten.

Anschließend wird zunächst eine Analyse der Eignung der angebotenen Daten für die Zwecke der Mediabeurteilung vorgenommen und sodann eine Vielzahl möglicher Beurteilungsverfahren einer numerischen Analyse unterzogen.

5.1. Die Kriterien der Beurteilung von Media

Die in Teil II.3.2. definierten Kriterien der Beurteilung von Media können als im Kern unumstritten gekennzeichnet werden. Wie bereits angedeutet, wird daneben die Affinität als ein produktbezogenes Media-Gewicht angesehen und zugleich als Beurteilungskriterium verwendet. Unabhängig von der Feststellung, daß die beiden soeben gemachten Aussagen inkonsistent sind, bedarf es der Überprüfung des Affinitätskonzepts auf seine Vereinbarkeit mit den allseits akzeptierten Konzepten Reichweite und Tausender-Preis.

Tab. 19: Die wichtigsten Datenquellen für Zwecke der Mediabeurteilung (Teil I)

Titel der Untersuchung	Herausgeber Jahr	Erhebungszeitraum	Stichprobe	Erhebungsinstrument	Gegenstand	Erscheinungshäufigkeit
Media-Analyse 1984	Arbeitsgemeinschaft Media-Analyse e.V. 1984	Jan. 83 – Dez. 83	18 367 Personen ab 14 Jahren	mündliche Interviews	Mediadaten: Reichweiten Personendaten: Eigenschaften von Individuen und Haushalten, Besitz, Interessen, Kaufverhalten u.ä.	jährlich
VerbraucherAnalyse 83/84	Axel Springer Verlag AG und Verlagsgruppe Bauer 1983	Sept. 82-März 83	8 283 Personen ab 14 Jahren	mündliche und schriftliche Befragung	Mediadaten: Reichweiten Personendaten: Besitz, Kaufverhalten, Interessen, Einstellungen u.ä.	zweijährlich
Allensbacher Werbeträger-Analyse 1984 (AWA 84)	Institut für Demoskopie Allensbach 1984	Dez. 83 – Jan. 84, April 84-Juni 84	8 004 Personen ab 14Jahren	mündliche und schriftliche Interviews	Mediadaten: Reichweiten Personendaten: Interesse, Besitz, Konsumverhalten u.ä.	jährlich
Schmidt & Pohlmann (Auszählungen)	Schmidt & Pohlmann	fortlaufend	---	Inhaltsanalyse	Anteile der Werbefläche	kontinuierlich verfügbar
BRIGITTE-Frauentypologie	Gruner + Jahr AG & Co. 1984	Aug. 83 – Okt. 83	4 039 Frauen von 14-64 Jahren	mündliche und schriftliche Befragung	Einstellungen von Frauen zu Lebensstilen, Konsum, Marken Kosmetik, Körperpflege, Haushaltsführung	im inhaltlichen Zusammenhang, ohne zeitliche Fortsetzung

Tab. 19: Die wichtigsten Datenquellen für Zwecke der Mediabeurteilung (Teil II)

Titel der Untersuchung	Herausgeber Jahr	Erhebungszeitraum	Stichprobe	Erhebungsinstrument	Gegenstand	Erscheinungshäufigkeit
Typologie der Wünsche 84	BURDA GmbH 1984	Dez. 83-März 84	8 047 Personen ab 14 Jahren	mündliche und schriftliche Befragung (Haushaltsbuch)	Einstellungen, Konsumverhalten und demographische Zusammensetzung, nach verschiedenen Konsumeinstellungen, "Bedürfnisspannungen", "Lebensansprüchen", Verhaltensweisen u.ä. segmentierten Personengruppen	unregelmäßig
Werbedosis – Werbewirkung	Hörzu 1983	1979 – 1980	16 500 Personen in den USA	kontrolliertes Feldexperiment	Kontaktbewertungskurve (v.a. theoretische Grundlagenforschung)	einmalig
Werbemittelkontaktchancen	Deutscher Supplementverlag 1981	Febr.81-April 81	581 Personen ab 14 Jahren	schriftliche Befragung (Tagebuch)	Seitenkontaktwahrscheinlichkeiten ausgewählter Media (demograph. Segmentierung)	einmalig
Zuständigkeiten 1983	Jahreszeitenverlag 1983	Sept.82-Okt. 82	2 503 Frauen von 14-69 Jahren	mündliche und schriftliche Interviews	Zuständigkeit von Media für einzelne Themen- und Produktbereiche aus der Sicht der Leser	einmalig

Tab. 19: Die wichtigsten Datenquellen für Zwecke der Mediabeurteilung (Teil III)

Titel der Untersuchung	Herausgeber Jahr	Erhebungszeitraum	Stichprobe	Erhebungsinstrument	Gegenstand	Erscheinungshäufigkeit
Kaufeinflüsse '83	BURDA GmbH 1983	Nov. 82-Febr. 83	4 011 Frauen von 18-69 Jahren mit Partner	Befragung	Entscheidereinfluß von Frau und Partner (Segmentierung nach demographischen Eigenschaften, Konsumverhalten, Einstellungen u.ä.)	einmalig
Persönlichkeitsstärke	SPIEGEL-Verlag 1983	Nov. 82 – Dez. 83	3 843 Personen ab 14 Jahren	mündliche Interviews	Persönlichkeitsstärke (Segmentierung nach soziodemographischen Eigenschaften, Konsumeigenschaften u.ä.)	einmalig
Funktionsanalyse 1985	Jahreszeitenverlag 1985	Jan. 84 – Dez. 84	---	Inhaltsanalyse	redaktionelle Inhalte von Media	jährlich

Das Affinitätskonzept entstand aus dem Bedürfnis, die „psychische Nähe" zwischen der anzusprechenden Zielgruppe und den durch das Medium erreichten Personen in einer einfachen Maßgröße zu erfassen. Diese Zielvorstellung hat in verschiedenen, einander ähnlichen Formeln ihren Niederschlag gefunden; von der am weitesten verbreiteten Definition der Affinität soll nachstehend ausgegangen werden (Abb. 3).

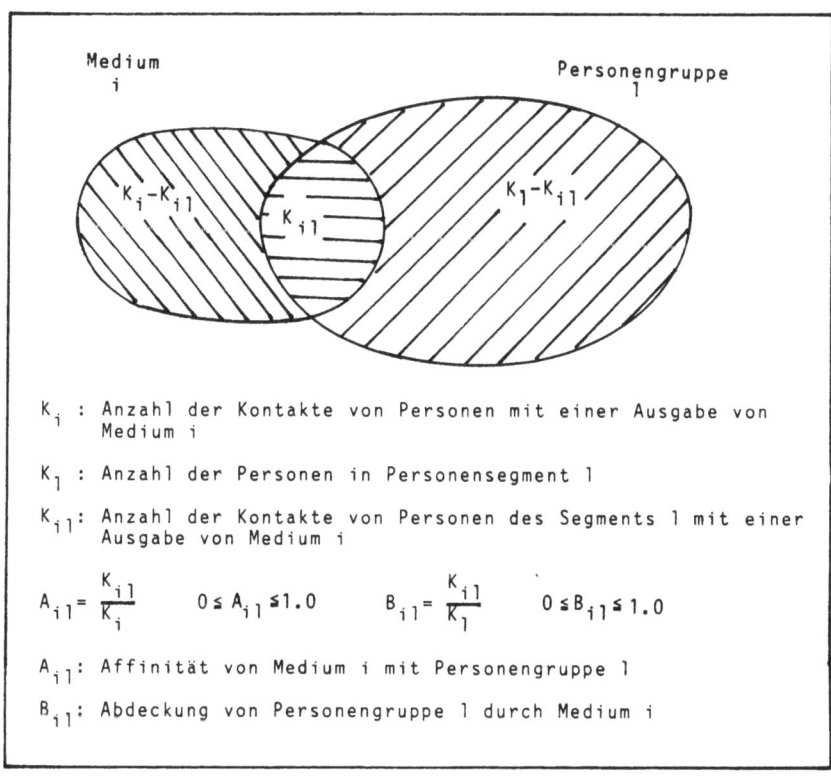

Abb. 3: Veranschaulichung des Affinitätskonzepts

Die Affinität bringt somit den Anteil der Leser eines Mediums, die der Zielgruppe der Marketingstrategie angehören, an der Gesamtheit der Leser eines Mediums zum Ausdruck. Dahinter steht die Vorstellung, daß mit zunehmendem Anteil der Zielgruppenmitglieder an der Gesamtheit der Leser eines Mediums das betreffende Medium günstiger zu beurteilen ist. Ein Medium, das nur Personen der Zielgruppe erreicht, ist demnach optimal; umgekehrt gilt: je größer der Anteil der Kontakte einer Zeitschrift mit Personen außerhalb der Zielgruppe ist, desto schlechter ist ein Medium zu beurteilen. Ein Medium gilt nach diesem Konzept als ideal, wenn $K_{il} = K_i$ ist, d. h. wenn alle Kontakte Mitglieder der gewünschten Personengruppe betreffen. Die Affinität als alleiniger Beurteilungsmaßstab führt somit zu einer Minimierung der Fehlstreuung, ohne dabei die Anzahl der insgesamt erreichten Personen bzw. die Kosten der Streuung zu berücksichtigen. Zu welchen widersinnigen Ergebnissen eine Mediaauswahl allein nach dem Affinitätskriterium führt, macht Abbildung 4 deutlich.

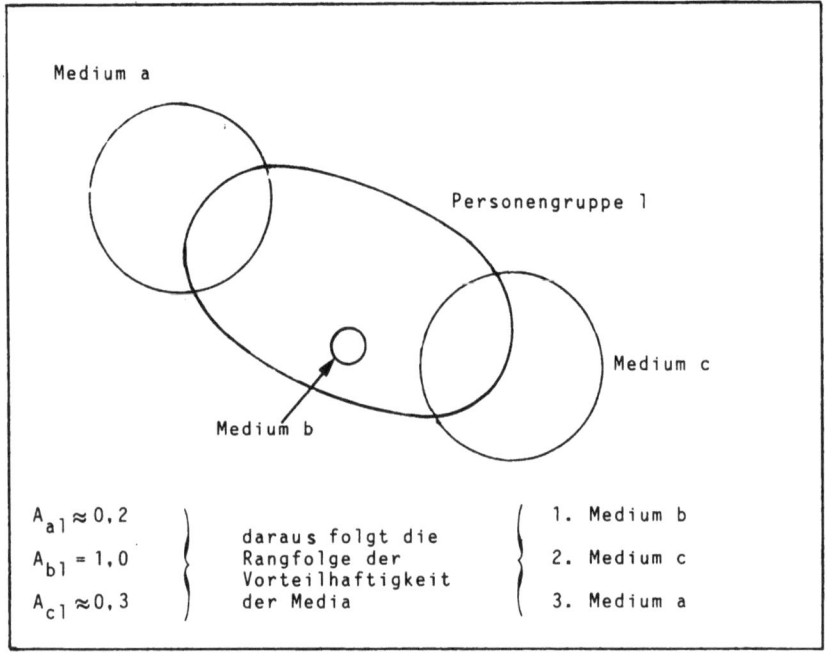

Abb. 4: Beispiel zur Veranschaulichung des Affinitätskonzepts

Wie Abbildung 4 deutlich macht, ist die Affinität ungeeignet, die Vorteilhaftigkeit einzelner Media zu beurteilen, wenn diese verschiedene Reichweiten aufweisen.

Daß die Affinität bei gleichen Reichweiten aller zur Beurteilung anstehenden Media als Beurteilungskriterium sinnvoll ist, rührt allein daher, daß sich in diesem Fall die Affinität parallel zur Anzahl der durch die Media kontaktierten Personen entwickelt. In der Praxis wird das Affinitätskonzept aber gerade für den Fall unterschiedlich reichweitenstarker Titel genutzt — den Fall, in dem es zu falschen Ergebnissen führt. Ansatzweise wird dieses Problem auch erkannt und teils durch die Verwendung gewichteter Affinitätswerte zu lösen versucht. Ein solcher modifizierter Affinitätswert ist folgender (K_i-, K_{ii}--Werte in %):

$$A_{ii} \left[\frac{100 - K_i}{100 - K_{ii}} \right] = \frac{K_{ii} \cdot 100 - K_{ii} \cdot K_i}{K_i \cdot 100 - K_{ii} \cdot K_i} \leqslant 1,0$$

Auch hier gilt, daß die Maximierung des Affinitätswerts einer Minimierung der Fehlstreuung gleichkommt.

In der Planungspraxis wird die Affinität häufig als Media-Gewicht herangezogen. Dabei wird jedoch übersehen, daß beide Konzepte von grundlegend verschiedenen Vorstellungen ausgehen. Im Rahmen der Media-Gewichtung versucht man, den Wert des Kontakts mit einem bestimmten Medium zu bewerten, das Affinitätskonzept dagegen behandelt den Zusammenhang zwischen einem Medium und einer Zielgruppe.

Es ist daher festzuhalten, daß Affinitäten weder die Bedeutung einzelner Personen für den Kontakterfolg noch die „Beeinflussungskraft" (z. B. Kompetenz) eines Mediums wiedergeben. Das Affinitätskonzept behandelt vielmehr einen von beiden Gewichtungen unabhängigen Aspekt, nämlich den der Fehlstreuung. Der Gesichtspunkt der Fehlstreuung wird allerdings bereits bei der Berechnung der qualitativen Reichweite bzw. des qualitativen Tausender-Preises berücksichtigt.

Die Media-Rangreihen auf der Basis der Kriterien Tausender-Preis und Affinität weisen ein hohes Maß an Ähnlichkeit auf, was leicht zu erklären ist, wenn man die Kriterien näher analysiert:

Reichweite: $\qquad \sum_l K_{il}\alpha_i\beta_l$

Kehrwert des
Tausender-Preises: $\qquad \dfrac{\sum_l K_{il}\alpha_i\beta_l}{C_i \times 1000}$

Affinität: $\qquad \dfrac{\sum_l K_{il}\alpha_i\beta_l}{K_i}$

Fall 1: Die Streukosten der Media verhalten sich streng proportional zu den quantitativen Reichweiten der Media; dann gilt:

$$\frac{\sum_l K_{il}\alpha_i\beta_l}{C_i \times 1000} \cdot \delta = \frac{\sum_l K_{il}\alpha_i\beta_l}{K_i}$$

δ ist der Betrag, der für 1 000 Kontakte aufgewendet werden muß.

Fall 2: Die Streukosten der Media verhalten sich je Mediagruppe (aktuelle Zeitschriften, Frauenzeitschriften, Programmzeitschriften usw.) näherungsweise proportional zu den Werten der Reichweite; dann gilt für den Vergleich von Media der gleichen Mediagruppe:

$$\frac{\sum_l K_{il}\alpha_i\beta_l}{C_i \times 1000} \cdot \delta \approx \frac{\sum_l K_{il}\alpha_i\beta_l}{K_i}$$

δ ist dann der Kostensatz für 1 000 Kontakte, der ohne Berücksichtigung von Gewichtungsgrößen für vierfarbige Anzeigen in aktuellen Illustrierten derzeit etwa bei 11 DM bzw. in Programmzeitschriften derzeit bei 10 DM liegt.

Für den Vergleich von Media verschiedener Mediagruppen gilt dann: Auf der Grundlage des Beurteilungskriteriums Affinität ermittelt man für Spezialtitel günstigere Werte als auf der Grundlage des Beurteilungskriteriums Tausender-Preis.

Es stellt sich nun die Frage, ob diese durch die Wahl des Kriteriums bedingte systematische Aufwertung von Spezialtiteln gerechtfertigt ist. Üblicherweise wird als Begründung für die Aufwertung die größere Kompetenz von Spezialtiteln angeführt. Damit wird allerdings eine unkontrollierte Vermengung einer Bewertung von Media (Kompetenz, Media-Gewicht) mit einer Bewertung von Personen (Segment-Gewicht) propagiert. Die hier vorgetragene Beurteilung der Eignung des Kriteriums Affinität betrifft in gewisser Weise auch die des Kriteriums Tausender-Preis, wobei allerdings festzustellen ist, daß eine Erhöhung der Reichweite eines Mediums in Marktsegmenten, die nicht als Zielgruppen definiert werden, bei Heranziehung des Kriteriums Affinität immer zu einer Schlechterbewertung des Mediums führt, während bei Heranziehung des Kriteriums Tausender-Preis dieser Effekt nur bei gleichzeitiger Erhöhung des Einschaltpreises auftritt.

Was hinsichtlich der Affinität als alleinigem Beurteilungsmaßstab gesagt wurde, gilt in gleichem Maße für alle Kriterien, die auf der Affinität aufbauen.

Das Affinitätskonzept ist geschaffen worden, um die unterschiedliche Zielgruppenorientierung einzelner Media zu berücksichtigen — das Anliegen ist gerechtfertigt, nicht aber das Meßverfahren. Die Absicht kann theoretisch sinnvoll und datenmäßig abgestützt durch eine Gewichtung der Personen und Media erreicht werden. Aus der Gesamtheit der Beurteilungskriterien verbleiben für den Fall der Einfachschaltung eines Mediums damit lediglich die Kriterien Reichweite und Tausender-Preis.

Welches dieser beiden Kriterien für Zwecke der Mediabeurteilung vorzuziehen ist, kann nicht allgemein entschieden werden. Die Diskussion um die Vorziehenswürdigkeit eines dieser beiden Kriterien gleicht der in der betriebswirtschaftlichen Theorie über eine gewisse Zeit geführten Diskussion um die Vorziehenswürdigkeit der beiden zentralen betriebswirtschaftlichen Zielgrößen Gewinn und Rentabilität. Im Rahmen der Mediabeurteilung ist dieses Problem allerdings in den Fällen von geringer Bedeutung, in denen sich die Mediaplanung vor dem Hintergrund eines fest vorgegebenen Werbebudgets vollzieht. In diesem Fall werden — von Abweichungen infolge von Ganzzahligkeitsbedingungen abgesehen — die Media auf der Basis des Tausender-Preises und der Reichweite gleich gut beurteilt.

5.2. Die Gewichtung einzelner Segmente des Marktes

Im Teil II.3 war das Konzept einer theoretisch begründeten Mediabeurteilung, im Teil II.4 das allgemein zugängliche Datenangebot vorgestellt worden; nachstehend ist nun die Grundidee der Personensegment-Gewichtung vor dem Hintergrund der skizzierten Daten zu präzisieren.

Die Grundidee jeder Personensegment-Gewichtung besteht darin, Personen nach Maßgabe ihrer Bedeutung für den Kommunikationserfolg zu gewichten. Geht man davon aus, daß letztlich alle kommunikationspolitischen Maßnahmen das Ziel verfolgen, den Absatz der beworbenen Produkte positiv zu beeinflussen, so wird man das Gewicht einer Person entsprechend ihrer Bedeutung für den Absatz des Produkts festlegen. Es ist einsichtig, daß die Bedeutung einer Person für den Absatz eines Produkts nicht anhand des von ihr persönlich realisierten Kaufvolumens, sondern anhand des von ihr disponierten Kaufvolumens gemessen werden muß, anderenfalls wird fälschlicherweise von einer Identität des Kaufagenten (Person, die den Kaufakt vollzieht) mit dem Entscheider (Person, die die Entscheidung für eine der zur Wahl stehenden Alternativen trifft) ausgegangen. Für den Bereich der Konsumgüter des täglichen Bedarfs, in dem die Konsumentscheidung weitgehend innerhalb der Haushalte fällt, läßt sich ein theoretisch begründeter Ansatz der Personensegment-Gewichtung wie nachstehend skizziert ableiten. Einfachheitshalber soll zunächst von einem gesättigten Markt ausgegangen werden, d.h. von einer Situation, in der Marktanteilsverschiebungen im Mittelpunkt der kommunikationspolitischen Anstrengungen stehen. In diesem Fall empfiehlt sich folgendes Schema der Personensegment-Gewichtung:

| Gewicht einer Person aus Segment *l* | = | durchschnittliche Konsummenge je Person des Segments *l* | × | durchschnittliche Personenanzahl je Haushalt, dem die Person aus Segment *l* angehört | × | durchschnittlicher Einflußanteil einer Person des Segments *l* im Rahmen der Markenwahlentscheidung |

Die einzelnen Faktoren werden miteinander multiplikativ verknüpft, soweit für alle Faktoren Proportionalität unterstellt werden kann.

Angaben über die durchschnittlichen Konsummengen je Person (Konsumintensität) sind Verbrauchsanalysen (z.B. Verbraucheranalyse, AWA) zu entnehmen. Geht man etwa von den Angaben der Verbraucheranalyse aus, so ist die in Abbildung 5 beispielhaft skizzierte Vorgehensweise der Datenverarbeitung anzuwenden.

Für den Fall, daß der Markt, auf dem das beworbene Produkt abgesetzt werden soll, noch nicht gesättigt ist, d.h. daß nicht die Verschiebung von Marktanteilen, sondern die Ausweitung des bisherigen Markts im Mittelpunkt der kommunikationspolitischen Aktivitäten steht, ist eine andere Vorgehensweise bei der Ermittlung der Personensegment-Gewichte zu verfolgen. Für den

	Markt-segment	Anzahl der Personen	Verwendungs-/Verbrauchshäufigkeit des Produkts					
			einmal täglich	einmal alle 2 Tage	einmal pro Woche	jede zweite Woche	einmal jeden Monat	nie
Ausgangs-daten	1	1180	60	100	220	340	180	280
	2	1040	20	50	60	80	190	640
Datenver-arbeitung	relative Konsum-menge je Person		1	$\frac{1}{2}$	$\frac{1}{7}$	$\frac{1}{14}$	$\frac{1}{30}$	0
	Anteile der Ver-wender-segmen-te in Markt-segment	1	$\frac{6}{118}$	$\frac{10}{118}$	$\frac{22}{118}$	$\frac{34}{118}$	$\frac{18}{118}$	$\frac{28}{118}$
		2	$\frac{2}{104}$	$\frac{5}{104}$	$\frac{6}{104}$	$\frac{8}{104}$	$\frac{19}{104}$	$\frac{64}{104}$
Konsum-intensi-tätsindex	Segment 1: 1,0000					Segment 2: 0,5263		

Abb. 5: Entwicklung von Konsumintensitätsindices für ein Produkt auf der Basis der Daten einer Verbrauchsanalyse

Grenzfall, daß eine Werbemaßnahme lediglich auf das freie Konsumpotential abzielt, ergibt sich folgendes Schema der Bestimmung der Gewichte:

| Gewicht einer Person aus Segment l | = | durchschnittliches freies Konsum-potential je Person des Segments l | × | durchschnittliche Personenanzahl je Haushalt, dem die Person aus Seg-ment l angehört | × | durchschnittlicher Einflußanteil einer Person des Segments l im Rahmen der Markenwahlentscheidung |

Die durchschnittliche Anzahl der Personen je Haushalt kann unterschied-lichen Erhebungen (z. B. Media-Analyse, Verbraucheranalyse, AWA) entnom-Märkten wird man daher als ersten Einflußfaktor zur Bestimmung des Personensegment-Gewichts eine Größe heranziehen, die beiden Gesichtspunk-ten (realisiertes Konsumvolumen, freies Konsumpotential) Rechnung trägt.

Die durchschnittliche Anzahl der Personen je Haushalt kann unterschiedli-chen Erhebungen (z. B. Media-Analyse, Verbraucher Analyse, AWA) entnom-men werden. Der Einfluß, den diese Größe auf eine sinnvolle Bewertung von Personensegmenten ausübt, hängt eng mit der Wahl des Produkts und der segmentbildenden Variablen zusammen.

Während Informationen über Konsummengen und Haushaltsgrößen einfach zu beschaffen sind, sind Daten bezüglich des Einflusses, den eine Person bei der

Produkt- bzw. Markenwahl hat, nur schwer zu erarbeiten. Daß Personen Kaufentscheidungen in vielen Produktbereichen nicht isoliert voneinander treffen und daß der Konsum ebenfalls oft in Gruppen erfolgt, ist in der Mediaplanung ein grundsätzlich beachtenswerter Tatbestand. Abbildung 6 beinhaltet eine knapp gefaßte Typologie von Konsumgütern nach den beim Kaufentscheid und den beim Ver- bzw. Gebrauch beteiligten Personen (Zuordnung der Güter teils umstritten).

		Ver-/Gebrauch des Produkts		
		durch die Person, die den Kaufentscheid vornahm	durch eine Personengruppe, wobei mindestens eine Person am Kaufentscheid beteiligt war	durch eine Person oder Personengruppe, die nicht am Kaufentscheid beteiligt war
Kaufentscheid	durch eine Einzelperson	Waschmittel	Grundnahrungsmittel	Babynahrung
	durch Personengruppe oder dritte Person	Kleidung	Feinkostartikel	Haushaltsgroßgeräte

Abb. 6: Eine Typologie von Konsumgütern nach den beim Kaufentscheid und beim Ver-/Gebrauch beteiligten Personen

Die obige Abbildung verdeutlicht, welches Gewicht dem Tatbestand der Mehrpersonalität des Kaufentscheids und des Ver- bzw. Gebrauchs zukommt. Zugleich wird damit angedeutet, daß sich die der Werbestreuplanung üblicherweise zugrunde gelegten Vereinfachungen

(1) „Die Person, die den Kaufakt physisch vollzieht (Kaufagent), ist gleichzeitig diejenige Person, die über den Kauf von Produkten und Marken entscheidet.",

(2) „Der Kaufentscheider ist keinem Einfluß dritter Personen ausgesetzt, vielmehr entscheidet er auch bei (ausschließlich) von anderen Personen ge- bzw. verbrauchten Gütern in sozialer Isolation."

nicht wirklichkeitsnah sind.

Um den Einfluß verschiedener Personen auf eine bestimmte Kaufentscheidung untersuchen zu können, bietet das Konzept des Meinungsführers eine geeignete Grundlage; seine Operationalisierung ist allerdings noch nicht hinreichend fortgeschritten. Meinungsführerschaft ist nach allgemeiner Auffassung weniger eine Persönlichkeitseigenschaft als ein Kennzeichen des Kommunikationsverhaltens von Personen. Die verhaltenswissenschaftliche Theorie betrachtet Meinungsführer als „Relaisstationen" im Kommunikationssystem, die an Kaufentscheidungen der von ihnen beeinflußten Personen in mehrfacher Weise mitwirken. Zum einen wirkt ein Meinungsführer als Informant, wobei in erster Linie seine Kompetenz gefragt ist, und zum anderen als Beurteiler, wobei sowohl seine Kompetenz als auch seine Überzeugungskraft (Ausstrahlung) von Bedeutung sind. Meinungsführerschaft beruht demnach auf den zwei Komponenten Kompetenz und Ausstrahlung. Ausstrahlung allein ist lediglich als notwendige, nicht aber auch als hinreichende Bedingung für Meinungsführerschaft zu werten. Die für das Vorhandensein von Meinungsführerschaft notwendige Kompetenz ist immer zunächst — begriffslogisch — entscheidungsfeldbezogen. Dabei ist zu beachten, daß Meinungsführerschaft nicht als kategoriale, sondern als intensitätsmäßig variierende Größe begriffen werden muß.

Zwar besteht hinsichtlich des soeben skizzierten Konzepts des Meinungsführers Einigkeit; bei der praktischen Ausformung des Konzepts wird diesen Überlegungen allerdings nicht immer ausreichend Rechnung getragen. So fehlt es etwa bisweilen (z. B. BURDA GmbH, 1983; SPIEGEL-Verlag, 1983) bereits an einer präzisen Festlegung, worauf sich der Entscheidungseinfluß erstreckt (z. B. Produktwahl, Markenwahl, Einkaufsstättenwahl, Einkaufsmengenwahl usw.). Im Gegensatz zu anderen bedeutsamen Untersuchungen nimmt Noelle-Neumann (1983) eine generelle Persönlichkeitseigenschaft „Persönlichkeitsstärke" als Surrogat für Meinungsführerschaft an. Dem genau entgegengesetzt ist der Meßansatz für Meinungsführerschaft, der in „Kaufeinflüsse '83" (BURDA GmbH, 1983) seinen Niederschlag gefunden hat. Positiv an der letztgenannten Untersuchung ist insbesonders, daß der Entscheidungseinfluß hier eindeutig definiert ist (Einfluß bei der Markenwahlentscheidung) und eine klare Abgrenzung des Einflusses nach Produkt- und Lebensbereichen vorgenommen wird. Die Produkt- bzw. Lebensbereiche, die diese Untersuchung abdeckt, sind mit alkoholische Getränke, Herrenkosmetik, Herrenoberbekleidung, Fotoapparate, Unterhaltungselektronik, PKW mit Zubehör, Wohnungseinrichtung sowie Geldanlagen und Versicherungen allerdings sehr begrenzt. Der gesamte Bereich der Nahrungsmittel und der Damenkosmetik wird nicht in die Betrachtung einbezogen. Äußerst fragwürdig ist darüber hinaus, daß von sozial isolierten Frau-Partner-Einheiten ausgegangen wird. Der Einfluß erwachsener Kinder auf die Kaufentscheidungen ihrer Eltern beispielsweise bleibt so unberücksichtigt. Wegen des begrenzten Produktbereichs scheidet diese Datenquelle als eine allgemein verwendbare somit aus. Nach dem derzeitigen Stand der Daten kann zur Quantifizierung des Faktors Entscheidungseinfluß von Personen nicht auf allgemein zugängliche, geeignete Informationen zurückgegriffen werden.

Faßt man die diversen Ansätze zur Bildung der Personensegment-Gewichte zusammen, so ist ein Personensegment-Gewichtungsmodell analog dem in Abbildung 7 zu empfehlen. Dort finden sich auch Hinweise auf Wertzuweisungen im Zusammenhang mit den in Teil III.6 referierten Simulationsuntersuchungen. Sieht man von den Problemen einer Quantifizierung des Entscheidungseinflusses ab, so kann zusammenfassend festgestellt werden, daß für die Personensegment-Gewichtung im Rahmen der Mediaplanung geeignete Daten und operationale Ansätze zur Verfügung stehen.

Konzept		Numerische Werte
Multiplikatoren für das Gewicht der Personen des Segments 1	Konsumintensitätsindex der Personen des Segments 1	=1,0 für alle Personensegmente, wenn Konsumintensitätsunterschiede unberücksichtigt bleiben ≦1,0 wenn Unterschiede in der Konsumintensität berücksichtigt werden; die Ableitung des Indices ist in Abbildung 5 dargelegt
	Haushaltsgrößenindex der Personen des Segments 1	=1,0 für alle Personensegmente, wenn Haushaltsgrößenunterschiede nicht berücksichtigt werden ≧1,0 wenn Unterschiede in der Haushaltsgröße berücksichtigt werden; bei der Ableitung des Indices werden durchschnittliche Anzahlen von Personen je Haushalt zugrunde gelegt
	Entscheidungseinflußindex der Personen des Segments 1	=1,0 für alle Personensegmente, wenn Entscheidungseinflußunterschiede nicht berücksichtigt werden Subjektive Schätzwerte Im Rahmen der Simulationsuntersuchungen wurden nach dem Geschlecht der Personen die Werte 1,0 bzw. 0,5 zur Quantifizierung geringer Unterschiede und 1,0 bzw. 0,0 zur Quantifizierung sehr großer Unterschiede im Entscheidungseinfluß herangezogen
Anzahl der Personensegmente		Im Rahmen der Simulationsuntersuchungen wurden im Falle einer differenzierten Marktbeschreibung 96 Personensegmente und im Falle einer einfachen Marktbeschreibung 24 Personensegmente unterschieden

Abb. 7: Die Ableitung von Personensegment-Gewichten

5.3. Die Gewichtung einzelner Media

Die grundlegende Idee der Media-Gewichtung besteht darin, Unterschiede in der Wirkung bestimmter Anzeigen je nachdem, in welchem Medium sie gestreut werden, zu erfassen. Die Gewichtung von Media ist in der Praxis weit weniger verbreitet als die von Personen. Dabei können unschwer drei Faktoren identifiziert werden, die selbst bei gleichen Kontakt-Anzahlen und gleichen Belegkosten für Unterschiede im Werbeerfolg verantwortlich sind:

(1) Seitenkontaktwahrscheinlichkeit: Reichweitenwerte beziehen sich auf ein Medium als Ganzes; sie zeigen somit an, wie groß die Wahrscheinlichkeit ist, daß eine Person mit einem Medium in Kontakt kommt; Seitenkontaktwahrscheinlichkeiten geben dann an, wie groß die Wahrscheinlichkeit ist, daß eine Person, die Kontakt mit dem Medium hat, eine bestimmte Seite des Mediums bzw. eines Teils des Mediums beachtet.

(2) Beachtensdauer: Es wird häufig vermutet, daß die Beachtensdauer einer Seite mediaabhängig ist. Geht man davon aus, daß der Erfolg der Streuung einer Anzeige auch von ihrer Beachtensdauer abhängt, so ist die Medium-spezifische Beachtensdauer bei der Mediabeurteilung zu berücksichtigen.

(3) Kompetenz: Die Auffassung, Media mit höherer Kompetenz führten bei sonst gleichen Bedingungen eine höhere Werbewirkung herbei, ist weit verbreitet. Dabei bleibt aber häufig im Unklaren, was inhaltlich darunter zu verstehen ist. Kompetenz wird teils als Affinität, teils als Zuständigkeit (Jahreszeitenverlag, 1983), teils als Glaubwürdigkeit usw. operationalisiert. Es herrscht also ein deutliches Defizit an Klarheit und damit an geeigneten Operationalisierungen vor.

Die Datensituation hinsichtlich der Media-Gewichte ist ungleich schlechter als die bezüglich der Personensegment-Gewichte, wofür — wie bereits angedeutet — auch die mangelnde Klarheit im theoretischen Bereich verantwortlich ist.

Konzeptionell eindeutig und hinsichtlich der empirischen Relevanz nicht strittig ist das Konzept der Seitenkontaktwahrscheinlichkeit. Für wenige Media liegen hierzu Daten vor (Deutscher Supplementverlag, 1981), die sich allerdings zum Teil auf sehr geringe Stichprobenvolumina beziehen (teils nur ca. 30 Probanden je Teilstichprobe) und damit eine zweifelhafte Reliabilität besitzen. Daneben ist auch die unzureichende Abdeckung des Spektrums der Media zu bemängeln. Trotz dieser aus Anwendersicht gravierenden Einschränkungen sollten grundsätzlich Daten hinsichtlich dieser Variablen im Rahmen der Media-Gewichtung herangezogen werden, da die Werbewirkung einer Anzeige mit der Seitenkontaktwahrscheinlichkeit proportional steigt.

Im Hinblick auf den Faktor Beachtensdauer offenbart sich ebenfalls ein Mangel an theoretischer Grundlagenarbeit, insofern als es an einer hinreichend abgesicherten Wirkungshypothese fehlt: Besteht ein proportionaler, linearer oder lediglich ein monoton steigender Zusammenhang zwischen der Beachtensdauer als ursächlicher und dem Erfolg der Werbestreuung als verursachter Größe? Da die hierzu vorliegenden Daten stark veraltet sind und nur wenige Media betreffen (Verlagsgruppe Bauer, 1971), muß auf die Einbeziehung des Faktors Beachtensdauer in die Media-Gewichtung derzeit verzichtet werden.

Die Kompetenz eines Mediums kann in vielfältiger Weise umschrieben und operationalisiert werden. Unter anderem finden in der praktischen Planung die in Abbildung 8 wiedergegebenen Formen der Kompetenz-„Messung" Verwendung.

Umschreibung/Operationali- sierung der Kompetenz	Quelle der Daten	Beurteilung
Geeignetes redaktionelles Umfeld	Entscheider	kaum quantifizierbar
Werbedruck = Volumen der Werbung für Konkurrenz- produkte	Schmidt & Pohlmann	sagt höchstens in- direkt über Kompe- tenz eines Mediums etwas aus; induziert Werbeakkumulation mit entsprechenden negativen Folgen
Funktion einer Zeitschrift = Volumen des Textanteils für Produktfeld	Jahreszei- ten-Verlag: "Funktions- analyse"	sagt höchstens in- direkt über Kompe- tenz eines Mediums etwas aus, induziert Einthemenmedia
Glaubwürdigkeit	Entscheider	kaum quantifizierbar
Zuständigkeit einer Zeit- schrift = von Lesern zu- gesprochene Kompetenz	Jahreszei- ten-Verlag: "Zuständig- keiten"	trifft theoretisch den Kern der Kompetenz

Abb. 8: Operationalisierungen der Kompetenz und entsprechende
        Datenquellen

Zuständigkeiten stellen das bislang beste Konzept zur Operationalisierung der Kompetenz von Media dar, da sie nicht aus Volumenanteilen abgeleitet, sondern von einem ganzheitlichen Eindruck der Leser geprägt sind. Eine nähere Analyse des Meßansatzes der Zuständigkeiten zeigt allerdings, daß die an einen multiplikativen Faktor für das Media-Gewicht zu stellende Anforderung einer proportionalen Beziehung zwischen Zuständigkeit und Werbeerfolg nicht vorliegt. Unstrittig ist auch Werbemaßnahmen in einem Medium, dem keine

Zuständigkeit für einen bestimmten Produkt- / Lebensbereich beigemessen wird, nicht jeder Werbeerfolg abzusprechen, d. h. die Werbewirkung steigt nicht proportional mit der Zuständigkeit.

Die einem Medium zugemessene Zuständigkeit für einen bestimmten Themenbereich ist vor allem für solche Media von Relevanz, bei denen die Kontakte mit dem Medium weniger zufallsgesteuert als bewußt gesucht sind. Dies trifft vor allem für Media zu, die zunächst nur oberflächlich „durchgegangen", dann archiviert und erst bei Bedarf intensiver gelesen wurden. Diese Form der Lektüre dürfte insbesondere für Fachzeitschriften, Hobbyzeitschriften oder ähnliche Media (z. B. Modejournale etc.) zutreffen, kaum aber für Zeitschriften, die direkt der Lektüre zugeführt und dann vernichtet werden (v. a. Programmzeitschriften). Der Grund für diese Differenzierung ist darin zu sehen, daß die Wahrscheinlichkeit für einen Zweit- oder Drittkontakt mit einem Medium — ceteris paribus — mit der Zuständigkeit des Mediums zunimmt.

Die Zuständigkeit eines Mediums wird somit deshalb als wichtiger Media-Gewichtungsfaktor angesehen, weil unterstellt wird, daß Kontakte einer bestimmten Zeitdauer mit einer Anzeige in einem kompetenten Medium einen höheren Werbeerfolg bewirken als ebenso lange andauernde Kontakte in einem weniger kompetenten Medium. Für das Zutreffen dieser Annahme fehlen allerdings nachprüfbare Hinweise. Bei Lichte besehen stellt die Kompetenz damit nichts anderes dar als eine Einflußgröße für eine erweiterte Seitenkontaktwahrscheinlichkeit, bei der Doppelkontakte auch als solche gewertet werden.

Unabhängig von der soeben spezifizierten, mehr generellen Kritik am Konzept der Mediakompetenz ist im speziellen Fall (Messung der Zuständigkeit nach dem Konzept des Jahreszeitenverlags) negativ anzumerken, daß Werte zwar für viele Media und Produkt- bzw. Lebensbereiche, aber nur für Frauen vorliegen. Es erscheint allerdings plausibel anzunehmen, daß die Zuständigkeit einzelner Media für bestimmte Themenbereiche aus der Sicht der Frauen der Zuständigkeit aus der Sicht der Männer entspricht.

Aus diesen Überlegungen resultiert die folgende einfache Formel zur Bestimmung des Media-Gewichts, wobei die Kontaktchance auch Werte über 1,0 annehmen kann:

Gewicht des Mediums i für einen Produkt- bzw. Lebensbereich		durchschnittliche Seitenkontaktchance für eine Seite des entsprechenden Teils von Medium i		Multiplikator für Zu-/Abnahme der Seitenkontaktchance aufgrund der Kompetenz des Mediums i für einen bestimmten Produkt- bzw. Lebensbereich
	=		×	

Zusammenfassend läßt sich feststellen, daß die theoretischen Grundlagen zur Quantifizierung der Media-Gewichte und die Qualität der verfügbaren Daten zum Teil unzulänglich sind. Als Faktoren des Media-Gewichts auf der Grundlage allgemein zugänglichen Datenmaterials kommen derzeit — mit

Vorbehalt — nur Seitenkontaktwahrscheinlichkeiten und — mit allergrößten Vorbehalten — Zuständigkeitswerte in Betracht.

6. Einige Simulationsuntersuchungen zur Vorteilhaftigkeit einzelner Media

6.1. Zur Zielsetzung der Simulationsuntersuchungen

Die derzeit übliche Praxis der Werbeplanung einer kritischen Analyse zu unterziehen sowie Wege in Richtung auf eine theoretisch gerechtfertigte und datengestützte Mediabeurteilung aufzuzeigen, stellt das Ziel dieser Untersuchung dar. Daß dieses Ziel angesichts vielfältiger theoretischer Unklarheiten und praktischer Unzulänglichkeiten nicht in einem Schritt erreicht werden kann, dürfte bereits an dieser Stelle klar geworden sein.

Die theoretischen Grundlagen einer rationalen Mediabeurteilung und Mediaselektion wurden in Teil II.3 gelegt; in Teil II.5 wurde sodann der Nachweis zu führen versucht, daß die heute allgemein verfügbaren Daten eine Ausfüllung des skizzierten Mediabeurteilungsmodells zumindest zum Teil zulassen. Damit ist jedoch noch kein Urteil darüber gefällt, ob die vorgeschlagene Form der Mediabeurteilung auch praktiziert werden soll. Gesichtspunkte der Modellökonomie können eine weniger aufwendige Modellierung der Vorteilhaftigkeit eines Mediums angeraten erscheinen lassen. Es gilt somit, den zusätzlichen Bewertungsaufwand gegen die inkrementell erzielbare Genauigkeit abzuwägen. Mit anderen Worten: Es ist eine Antwort auf die Frage zu geben, wie stark das Beurteilungsergebnis bei einer aufwendigeren Modellierung vom Beurteilungsergebnis bei einer weniger aufwendigen Modellierung abweicht.

Der Einfluß einer Variation des Bewertungsverfahrens, das durch das Zielkriterium und die Gewichtungsschemata definiert ist, wurde bereits theoretisch untersucht. Die Ergebnisse dieser Untersuchungen bestanden unter anderem darin:

(1) Die Affinität ist als Beurteilungskriterium für die Vorteilhaftigkeit von Media ungeeignet.

(2) Bei fest vorgegebenem Budget ist die Wahl zwischen den Kriterien Reichweite und Tausender-Preis wenig bedeutsam.

(3) Die Persönlichkeitsstärke ist als ein das Personen-Gewicht bestimmender Faktor unzulänglich.

(4) Bei der Mediabeurteilung verlangen theoretische Überlegungen, den Entscheidungseinfluß der Personen zu berücksichtigen; allerdings mangelt es an geeigneten Daten.

(5) Die Kompetenz, die einem Medium aus der Sicht seiner Leser zugeschrieben wird, sollte als Bewertungsfacette in geeigneter Form berücksichtigt werden.

Die derzeit angebotenen Daten sind allerdings kaum zur Bildung eines Gewichtungsfaktors geeignet.

Bevor eine abschließende Empfehlung für die Werbeplanungspraxis gegeben werden kann, ist es jenseits der oben skizzierten, theoretisch begründeten Auswahl notwendig, sich ein Urteil darüber zu bilden, ob die Wahl zwischen den alternativen Beurteilungverfahren überhaupt ergebnisrelevant ist bzw. ob die Vorteilhaftigkeit eines Mediums z. B. davon abhängt, ob die Haushaltsgröße, die Konsumintensität, die Seitenkontaktwahrscheinlichkeit oder die Mediakompetenz bei der Bewertung berücksichtigt wird oder nicht. Darüber hinaus ist die Frage zu klären, wie sehr das Urteil über die Vorteilhaftigkeit eines Mediums davon abhängt, ob es anhand der Reichweite, des Tausender-Preises oder der Affinität gebildet wird. Schließlich ist noch zu bedenken, daß die zu bewerbenden Märkte unterschiedlich fein segmentiert werden können, was gegebenenfalls auch einen Einfluß auf das Urteil hinsichtlich der Vorteilhaftigkeit der einzelnen Media ausüben kann.

6.2. Zur Methodik der Simulationsuntersuchungen

Die Ergebnisse von Mediabeurteilungen nach dem grundlegenden Modell, das in Teil II.3 dargestellt wurde, können je nachdem, wie das Beurteilungsmodell datenmäßig ausgefüllt wird, sehr unterschiedlich ausfallen. Deshalb gilt es, vor allem folgende Aspekte zu beachten:

— Die Gewichte der einzelnen Personensegmente können auf verschiedene Weise abgeleitet werden, wobei vor allem die Faktoren Konsumintensität, Haushaltsgröße und Entscheidungseinfluß a-priori als untersuchenswert einzustufen sind.

— Die Gewichte der einzelnen Media können auf unterschiedlichen Komponenten aufgebaut werden, wobei vor allem die Faktoren Seitenkontaktwahrscheinlichkeit und Kompetenz relevant sind.

— Die Media können nach Maßgabe unterschiedlicher Beurteilungskriterien auf ihre Vorteilhaftigkeit hin untersucht werden, wobei die Reichweite, der Tausender-Preis und die Affinität sowie aus diesen abgeleitete Kriterien näher betrachtet werden sollen.

— Die Märkte können unterschiedlich detailliert segmentiert werden.

Die zu analysierenden Aspekte der Mediabewertungsverfahren sind in nachstehender Abbildung 9 zusammengefaßt.

Die Ausprägungen der Variablen Konsumintensität, Haushaltsgröße, Entscheidungseinfluß sowie Anzahl der Marktsegmente sind Teil III.2, die Werte für die Seitenkontaktwahrscheinlichkeiten und die Kompetenzwerte der einzelnen Media Teil III.3 zu entnehmen. Als Kompetenzwerte der einzelnen Media werden dabei Zuständigkeitswerte (Jahreszeitenverlag, 1983) herangezogen — dies, obwohl die Verhältnisskaleneigenschaft der Größe nicht vorliegt und grundsätzliche Zweifel an der Adäquanz dieses Faktors bestehen. Der Entscheidungseinfluß auf der Grundlage subjektiver Schätzungen wurde nach dem Geschlecht der Personen mit 1,0 bzw. 0,5 zur Quantifizierung geringer Unterschiede und 1,0 bzw. 0,0 zur Quantifizierung großer Unterschiede festgelegt. Dabei erhielten Frauen bei den Produkten Zahnpasta/-creme, löslicher Bohnenkaffee (Pulverkaffee) und Kartoffelknödel den jeweils höheren, für den Produktbereich Weinbrand/Brandy/Cognac den jeweils niedrigeren Wert. Es wurden lediglich geschlechtsspezifische Werte vergeben (wie es der Werbeplanungspraxis entspricht), adäquater wäre eine Zumessung des Entscheidungseinflusses nach Geschlecht und Haushaltsgröße, da der Entscheidungseinfluß einer Person mit zunehmender Haushaltsgröße abnimmt.

Einflußfaktoren für die Personensegment-Gewichtung als Teil des Gewichtungsschemas	Einflußfaktoren für die Media-Gewichtung als Teil des Gewichtungsschemas	Beurteilungs-kriterien	Anzahl der Segmente
- Konsumintensität (durchschnittl. Konsummenge je Person) (S1) - Haushaltsgröße (durchschnittl. Personenanzahl je Haushalt)(S2) - Einfluß der Kontaktperson: •nach Geschlecht: geringe Unterschiede im Entscheidungseinfluß (S3) •nach Geschlecht: sehr hohe Unterschiede im Entscheidungseinfluß (S4) •nach Persönlichkeitsstärke (S5)	- Durchschnittl. Seitenkontaktwahrscheinlichkeit des Mediums (M1) - Kompetenzfaktor (M2)	- Reichweite (K1) - Tausender-Preis (K2) - Affinität(K3)	- Segmentierung 1: Geschlecht (2) xAlter(3) xNielsen-Gebiet(4) xHaushaltsführung(4) →96 Segmente (MS1) - Segmentierung 2: Geschlecht(2) xHaushaltseinkommen(3) xWert des Aussehens(4) →24 Segmente (MS2)

Abb. 9: Die Komponenten der Bewertungsverfahren, definiert nach Gewichtungsschema, Beurteilungskriterium und Anzahl der Segmente

Alle Aspekte des Bewertungsverfahrens sind dichotom skaliert (berücksichtigt: ja/nein), wobei die Faktoren S1, S2, M1 und M2 beliebig kombinierbar sind, während von den Faktoren S3 bis S5, K1 bis K3 und MS1 bzw. MS2 im Rahmen eines Bewertungsverfahrens jeweils nur ein Faktor wählbar ist. Bedenkt man diese Einschränkungen, so ergeben sich insgesamt

$$384 = 2(S1) \times 2(S2) \times 4(S3, S4, S5) \times 2(M1) \times 2(M2)$$
$$\times 3(K1, K2, K3) \times 2(MS1, MS2)$$

Möglichkeiten einer Beurteilung der Media. Auch wenn man von einer Einbeziehung des Beurteilungskriteriums Affinität absieht, verbleibt immer noch die Wahl zwischen 256 alternativen Bewertungsverfahren.

Sensitivitätsanalysen, die darüber Auskunft geben, ob ein Auswahlproblem überhaupt praxisrelevant ist, werden häufig als Simulationsuntersuchungen durchgeführt. Simulationsuntersuchungen beziehen sich immer auf einen bestimmten „Annahmenkranz". Dieser wird im vorliegenden Fall vor allem von den in die Untersuchung einbezogenen Media und Produktbereichen gebildet. Die 35 Media bzw. Rabattkombinationen von Media sind in nachfolgender Auflistung (Abb. 10) wiedergegeben.

```
Hörzu, Bunte, Stern, Spiegel, Fernsehwoche, Funkuhr, Quick,
Gong, Freizeit Revue, Praline, Neue Revue, Bild+Funk,
TV Hören und Sehen, Wochenend, Neue Post, Frau im Spiegel,
Das Neue Blatt, Brigitte, Die Aktuelle, Tina, Für Sie, Bella,
Freundin, Petra, Carina, Meine Familie+Ich,
Tandem-Kombination, Basis-Zwei-Kombination, Basis-Drei-Kombi-
nation, Basis-Vier-Kombination, Burda-Kombination, Basis-
Programm-Kombination, Tina-Bella-Kombination, Frauenkombina-
tion, Professional-Kombination
```

Abb. 10: Den Simulationsuntersuchungen zugrunde liegende Media und Rabattkombinationen von Media

Im Hinblick auf die Produkte wurden solche des täglichen Bedarfs ausgewählt, denen für die Werbepraxis eine hohe Bedeutung zukommt und bei denen eine gewisse Sensitivität der Rangreihen der Vorteilhaftigkeit der Media im Hinblick auf eine Variation des Bewertungsverfahrens erwartet wurde. Es wurden die folgenden vier Produkte ausgewählt:

— Zahnpasta/-creme

— Weinbrand/Brandy/Cognac

— löslicher Bohnenkaffee (Pulverkaffee)

— Kartoffelknödel

Die Konsumprofile von drei der vier ausgewählten Produkte sind in nachstehender Abbildung 11 nach Leserschaften verschiedener Media differenziert dargestellt (für den Produktbereich Weinbrand/Brandy/Cognac liegt keine entsprechende Graphik vor).

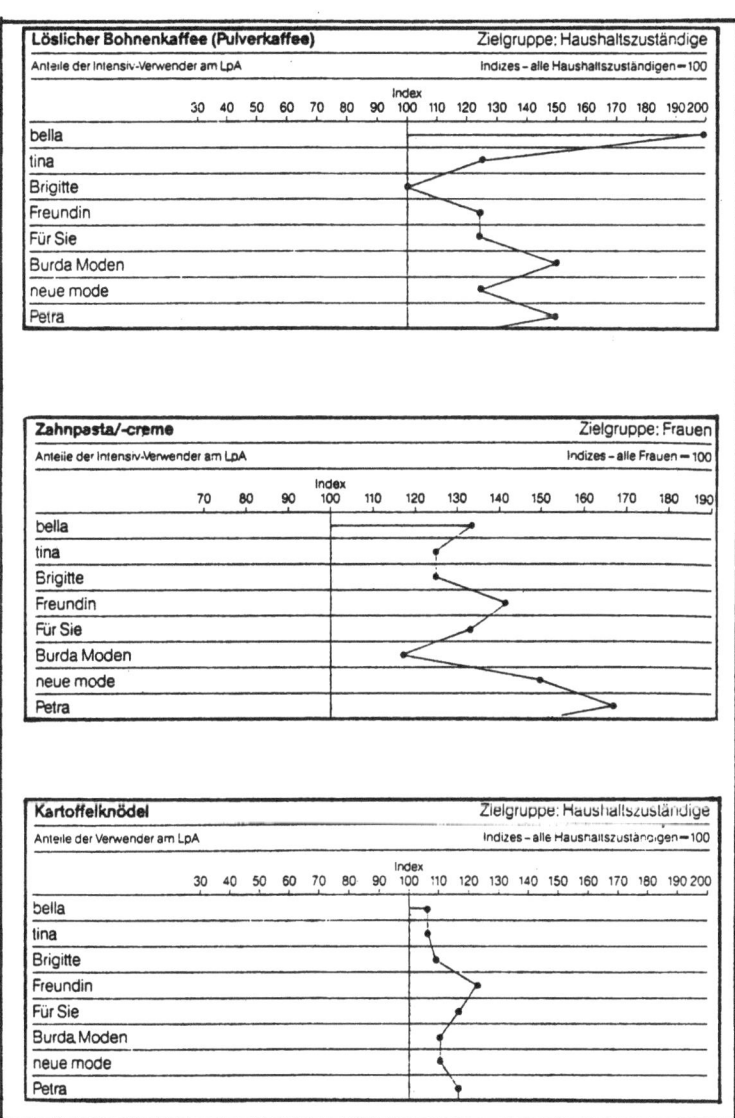

Abb. 11: Konsumintensität bezüglich dreier Produkte von Lesern verschiedener Frauenzeitschriften (Quelle: Verlagsgruppe Bauer, 1983)

Um den Einfluß der Wahl des Beurteilungsverfahrens auf die Vorteilhaftigkeit einzelner Media sichtbar zu machen, sind insbesondere die resultierenden
Rangreihen der Media zu betrachten.

Der Rangkorrelationskoeffizient nach Spearman stellt eine geeignete Maßgröße zur Quantifizierung der Ähnlichkeit zweier Rangreihen dar. Da aber
Verschiebungen auf den vorderen Rangplätzen von größerer praktischer
Bedeutung sind als solche auf den hinteren, wurde ein gewichteter Rangkorrelationskoeffizient formuliert (vgl. Teil III.8). An einem überschaubaren Beispiel
soll der Einfluß einer Veränderung von Rangreihen auf den Rangkorrelationskoeffizient nach Spearman und den gewichteten Rangkorrelationskoeffizient
deutlich gemacht werden (Abb. 12):

Rang-reihe 1	Rang-reihe 2	Rang-reihe 3	Rang-reihe 4	Rang-reihe 5
1	2	1	3	1
2	1	2	2	2
3	3	3	1	3
4	4	4	4	6
5	5	6	5	5
6	6	5	6	4

	gewichteter Rangkorrelations-koeffizient Rangreihe 1	Rangkorrelations-koeffizient nach Spearman Rangreihe 1
mit Rangreihe 2	0,7283	0,9429
mit Rangreihe 3	0,9995	0,9429
mit Rangreihe 4	0,2104	0,7714
mit Rangreihe 5	0,9962	0,7714

Abb. 12: Vergleichende Gegenüberstellung der Messung der Korrela-
tionen zwischen Rangreihen nach dem gewichteten Rangkorrelationskoeffizient und dem Rangkorrelationskoeffizient
nach Spearman

Die vorangehende Abbildung veranschaulicht, daß der gewichtete Rangkorrelationskoeffizient zu sehr unterschiedlichen Urteilen hinsichtlich der Ähnlich-

keit von zwei Rangreihen führt, je nachdem, ob die Änderung auf den vorderen oder hinteren Plätzen der Rangreihen erfolgen. Auch für den gewichteten Rangkorrelationskoeffizienten gilt:

$r = +1,0$: identische Rangreihen,

$r = 0,0$: keinerlei Übereinstimmung in den Rangreihen und

$r = -1,0$: genau gegenläufige Rangreihen.

Um die Resultate der Simulationsuntersuchungen übersichtlicher darstellen zu können, sollen in den beiden folgenden Kapiteln jeweils getrennt die Einflüsse, die von einer Variation des Gewichtungsschemas (inkl. der Anzahl der Segmente) und von einer Variation des Beurteilungskriteriums ausgehen, sichtbar gemacht werden.

6.3. Zum Einfluß der Personensegment- und Media-Gewichte auf die Vorteilhaftigkeit der Media

Der Einfluß der Wahl des Gewichtungsschemas, das aus Personensegment- und Media-Gewichten zusammengesetzt ist, auf die Vorteilhaftigkeit der Media wird anhand gewichteter Rangkorrelationskoeffizienten zwischen jeweils zwei Rangreihen von Media gemessen.

Gewichtungs-schema Kenn-zei-chen	Kurz-bezeich-nung des Modells	Konsum-inten-sität (S1) berück-sichtigt	Haus-halts-größe (S2) berück-sichtigt	Entschei-dungsein-fluß (S3)(S4)(S5) berücksich-tigt			Seiten-kontakt-wahrsch. (M1) berück-sichtigt	Zustän-digkeit (M2) berück-sichtigt	Zahl der Seg-mente (MS1/MS2)
A	"richti-ges"	ja	ja	ja	nein	nein	ja	ja	96
B	–	ja	ja	ja	nein	nein	ja	ja	24
C	–	ja	ja	ja	nein	nein	nein	ja	24
D	"verein-fachtes"	ja	ja	ja	nein	nein	nein	nein	24
E	–	ja	nein	ja	nein	nein	nein	nein	24
F	–	ja	nein	nein	nein	ja	nein	nein	24
G	–	ja	nein	nein	nein	nein	nein	nein	24
H	–	ja	nein	nein	ja	nein	nein	nein	24
I	"reales"	nein	nein	nein	ja	nein	nein	nein	24

Abb. 13: Die den Bewertungsverfahren zugrunde gelegten Gewich-tungsschemata

Durch Veränderungen im Gewichtungsschema können insgesamt 64 unterschiedliche Bewertungsansätze für 96 oder 24 Marktsegmente formuliert werden. Um die Vergleiche übersichtlich zu gestalten und dabei sowohl den Einfluß der Berücksichtigung einzelner Gewichtungsfaktoren als auch den aus der Variation mehrerer Gewichtungsfaktoren herrührenden Einfluß sichtbar zu machen, wurden neun ausgewählte Gewichtungsschemata (inkl. Anzahl der Segmente) formuliert; sie sind in Abbildung 13 definiert.

Für die in Abbildung 13 definierten Gewichtungsschemata lassen sich Rangreihen und Indices der Vorteilhaftigkeit der Media errechnen. Auf der Basis der in Teil III.4 angegebenen Rangreihen für das Kriterium Reichweite ergeben sich die nachstehend aufgeführten gewichteten Rangkorrelationskoeffizienten (Tab. 20, vgl. auch Teil III.7).

Tab. 20: Gewichtete Rangkorrelationskoeffizienten zwischen den Rangreihen der Media, ermittelt auf der Basis unterschiedlicher Gewichtungsschemata bei Unterstellung des Beurteilungskriteriums Reichweite (Teil I)

	A	B	C	D	E	F	G	H	I
A	1.0000	0.9945	0.9441	0.6782	0.6578	0.5873	0.6022	0.6781	0.6749
B	0.9945	1.0000	0.9540	0.7008	0.6815	0.6051	0.6219	0.7047	0.7013
C	0.9441	0.9540	1.0000	0.7844	0.7603	0.7070	0.7142	0.7772	0.7771
D	0.6782	0.7008	0.7844	1.0000	0.9944	0.9682	0.9767	0.9840	0.9809
E	0.6578	0.6815	0.7603	0.9944	1.0000	0.9747	0.9864	0.9817	0.9793
F	0.5873	0.6051	0.7070	0.9682	0.9747	1.0000	0.9968	0.9385	0.9352
G	0.6022	0.6219	0.7142	0.9767	0.9864	0.9968	1.0000	0.9535	0.9503
H	0.6781	0.7047	0.7772	0.9840	0.9817	0.9385	0.9535	1.0000	0.9976
I	0.6749	0.7013	0.7771	0.9809	0.9793	0.9352	0.9503	0.9976	1.0000

Produkt: Zahnpasta/-creme

	A	B	C	D	E	F	G	H	I
A	1.0000	0.9913	0.9720	0.8866	0.8906	0.8986	0.9086	0.8690	0.8694
B	0.9913	1.0000	0.9630	0.8584	0.8606	0.8721	0.8817	0.8363	0.8353
C	0.9720	0.9630	1.0000	0.9364	0.9345	0.9439	0.9447	0.9141	0.9114
D	0.8866	0.8584	0.9364	1.0000	0.9992	0.9976	0.9943	0.9917	0.9891
E	0.8906	0.8606	0.9345	0.9992	1.0000	0.9968	0.9950	0.9924	0.9905
F	0.8986	0.8721	0.9439	0.9976	0.9968	1.0000	0.9981	0.9844	0.9819
G	0.9086	0.8817	0.9447	0.9943	0.9950	0.9981	1.0000	0.9805	0.9785
H	0.8690	0.8363	0.9141	0.9917	0.9924	0.9844	0.9805	1.0000	0.9990
I	0.8694	0.8353	0.9114	0.9891	0.9905	0.9819	0.9785	0.9990	1.0000

Produkt: Weinbrand/Brandy/Cognac

Tab. 20: Gewichtete Rangkorrelationskoeffizienten zwischen den Rangreihen der Media, ermittelt auf der Basis unterschiedlicher Gewichtungsschemata bei Unterstellung des Beurteilungskriteriums Reichweite (Teil II)

	A	B	C	D	E	F	G	H	I
A	1.0000	0.9991	0.9518	0.7981	0.7498	0.6920	0.7172	0.8429	0.8386
B	0.9991	1.0000	0.9532	0.7976	0.7494	0.6914	0.7167	0.8443	0.8400
C	0.9518	0.9532	1.0000	0.8990	0.8569	0.8049	0.8277	0.9380	0.9348
D	0.7981	0.7976	0.8990	1.0000	0.9894	0.9718	0.9785	0.9791	0.9760
E	0.7498	0.7494	0.8569	0.9894	1.0000	0.9864	0.9932	0.9651	0.9640
F	0.6920	0.6914	0.8049	0.9718	0.9864	1.0000	0.9961	0.9275	0.9249
G	0.7172	0.7167	0.8277	0.9785	0.9932	0.9961	1.0000	0.9428	0.9417
H	0.8429	0.8443	0.9380	0.9791	0.9651	0.9275	0.9428	1.0000	0.9976
I	0.8386	0.8400	0.9348	0.9760	0.9640	0.9249	0.9417	0.9976	1.0000

Produkt: löslicher Bohnenkaffee (Pulverkaffee)

	A	B	C	D	E	F	G	H	I
A	1.0000	0.9961	0.9548	0.8015	0.7830	0.7025	0.7237	0.8461	0.8449
B	0.9961	1.0000	0.9625	0.8169	0.8007	0.7216	0.7421	0.8592	0.8581
C	0.9548	0.9625	1.0000	0.9031	0.8795	0.8056	0.8196	0.9377	0.9348
D	0.8015	0.8169	0.9031	1.0000	0.9931	0.9706	0.9747	0.9806	0.9769
E	0.7830	0.8007	0.8795	0.9931	1.0000	0.9791	0.9855	0.9768	0.9743
F	0.7025	0.7216	0.8056	0.9706	0.9791	1.0000	0.9972	0.9323	0.9290
G	0.7237	0.7421	0.8196	0.9747	0.9855	0.9972	1.0000	0.9439	0.9414
H	0.8461	0.8592	0.9377	0.9806	0.9768	0.9323	0.9439	1.0000	0.9976
I	0.8449	0.8581	0.9348	0.9769	0.9743	0.9290	0.9414	0.9976	1.0000

Produkt: Kartoffelknödel

Bildet man aus den in obiger Tabelle angegebenen Werten den Durchschnitt, so resultiert daraus die in Tabelle 21 wiedergegebene Korrelationsmatrix, für deren Werte zwar kein Anspruch auf Allgemeingültigkeit in bezug auf alle häufig gekauften Konsumgüter erhoben wird, denen aber ein heuristischer Wert zuzusprechen ist.

Der Einfluß verschiedener Faktoren auf die Rangreihen kann näherungsweise aus dem Vergleich der gewichteten Rangkorrelationskoeffizienten abgeleitet werden (Tab. 22).

Die Analyse der oben dargestellten Tabellen erlaubt folgende Schlußfolgerungen:

(1) Einer Änderung des Detaillierungsgrads und der Art der Segmentierung des Markts ist unter den skizzierten Gegebenheiten nur geringe Bedeutung im Hinblick auf die Ergebnisse der Mediabeurteilung zuzumessen.

Tab. 21: Durchschnittliche gewichtete Rangkorrelationskoeffizienten zwischen den Rangreihen der Media, ermittelt auf der Basis unterschiedlicher Gewichtungsschemata bei Unterstellung des Kriteriums Reichweite

	A	B	C	D	E	F	G	H	I
A	1,00	0,99	0,96	0,79	0,77	0,72	0,74	0,81	0,81
B	0,99	1,00	0,96	0,79	0,77	0,72	0,74	0,81	0,81
C	0,96	0,96	1,00	0,88	0,86	0,81	0,82	0,89	0,89
D	0,79	0,79	0,88	1,00	0,99	0,98	0,98	0,98	0,98
E	0,77	0,77	0,86	0,99	1,00	0,98	0,99	0,98	0,98
F	0,72	0,72	0,81	0,98	0,98	1,00	0,99	0,95	0,94
G	0,74	0,74	0,82	0,98	0,99	0,99	1,00	0,96	0,95
H	0,81	0,81	0,89	0,98	0,98	0,95	0,96	1,00	0,99
I	0,81	0,81	0,89	0,93	0,98	0,94	0,95	0,99	1,00

Tab. 22: Vergleich der Übereinstimmung von Rangreihen der Media bei Veränderung einzelner Gewichtungsfaktoren unter Zugrundelegung des Kriteriums Reichweite

Einflußfaktor	Vergleich der Gewichtungs-schemata	Rangkorrelationskoeffizienten bezüglich				
		Durch-schnitt	Zahn-pasta	Wein-brand	Pulver-kaffee	Kartof-felknödel
Konsumintensität (S1)	H versus I	0,99	0,99	0,99	0,99	0,99
Haushaltsgröße (S2)	D versus E	0,99	0,99	0,99	0,99	0,99
Entscheidungsein-fluß (geringe Un-terschiede) (S3)	E versus G	0,99	0,98	0,99	0,99	0,99
Entscheidungsein-fluß (große Unterschiede) (S4)	G versus H	0,96	0,95	0,98	0,94	0,94
Entscheidungsein-fluß (Persönlich-keitsstärke) (S5)	F versus G	0,99	0,99	0,99	0,99	0,99
Seitenkontaktwahr-scheinlichkeit(M1)	B versus C	0,96	0,95	0,96	0,95	0,96
Zuständigkeit (M2)	C versus D	0,88	0,78	0,94	0,90	0,90
Segmentanzahl (MS1/2)	A versus B	0,99	0,99	0,99	0,99	0,99

(2) Unterschiede in der Konsumintensität der Personen und damit der Haushalte müssen im Rahmen der Mediabeurteilung bei der hier gewählten Segmentbildung und Produktauswahl nicht beachtet werden, da die Rangfolgen der Media nicht von den Konsumintensitäten der Haushalte abhängen.

(3) Die Einbeziehung der Haushaltsgröße der Personen hat keinen merklichen Einfluß auf die Rangreihe der Vorteilhaftigkeit der Media. Dies liegt daran, daß die gebildeten Segmente hinsichtlich der Verteilung der Haushaltsgrößen fast identisch sind.

(4) Die Einbeziehung des Entscheidungseinflusses ist zwar bei der Beurteilung der Media nach dem Tausender-Preis von Ergebnisrelevanz, scheint aber bei der Beurteilung der Media nach dem Kriterium Reichweite ohne Bedeutung zu sein. Das letztgenannte Ergebnis ist allerdings insofern irreführend, als es vor allem darauf zurückzuführen ist, daß den Berechnungen eine Vielzahl von Media unterschiedlicher Mediagruppen zugrunde liegt. Diese Heterogenität der Media läßt bei einer ganzheitlichen Betrachtungsweise nicht sichtbar werden, daß die Berücksichtigung der Variablen Entscheidungseinfluß zwar die Vorteilhaftigkeit aller Media einer Mediagruppe stark beeinflußt, kaum aber die relative Vorteilhaftigkeit einzelner Media einer Mediagruppe. Die derzeit vorherrschende Praxis der Mediabewertung, die starke Entscheidungseinflußunterschiede unterstellt, begünstigt Zielgruppen-Titel.

(5) Wiederum nur bei Zugrundelegung des Kriteriums Tausender-Preis kommt der Entscheidung über die Einbeziehung der Gewichtungsfaktoren Kompetenz (bzw. Zuständigkeit) und Seitenkontaktwahrscheinlichkeit — diesem Faktor allerdings in geringerem Ausmaß — Ergebnisbedeutung zu.

Zusammenfassend kann gesagt werden, daß das Urteil hinsichtlich der Vorteilhaftigkeit der Werbeträger vor allem von der Einbeziehung des Einflusses, den die kontaktierte Person auf die Haushaltsentscheidungen ausübt, und der Kompetenz der Zeitschrift (unzureichend operationalisiert als Zuständigkeit) abhängt. Die Quantifizierung dieser Komponenten muß also mit besonderer Sorgfalt vorgenommen werden. Die anderen Faktoren bedürfen — sofern man im Rahmen des durch allgemein zugängliche Daten gesteckten Bereichs bleibt — keiner ebenso intensiven Beachtung.

6.4 Zum Einfluß des Beurteilungskriteriums auf die Vorteilhaftigkeit der Media

Der Einfluß der Wahl des Beurteilungskriteriums auf die Vorteilhaftigkeit der Media wird wiederum anhand gewichteter Rangkorrelationskoeffizienten untersucht. Die in vorigem Kapitel II.6.3 wiedergegebenen Werte beruhen ohne Ausnahme auf Berechnungen auf der Grundlage des Beurteilungskriteriums

Reichweite. Wie die Umfrage unter führenden Mediaagenturen allerdings gezeigt hat, wird nur sehr selten allein auf der Basis der Anzahl der Kontakte eines Mediums, sondern zumeist anhand mehrerer Maßgrößen geurteilt.

Die singulären Beurteilungskriterien Reichweite, Tausender-Preis und Affinität wurden bereits definiert, in Abbildung 14 werden acht zusammengesetzte Beurteilungskriterien aufgeführt. Bei den zusammengesetzten Beurteilungskriterien wird anstelle des Tausender-Preises dessen Kehrwert zugrundegelegt, so daß auch für dieses Beurteilungskriterium gilt, daß ein Medium umso günstiger beurteilt wird, je höher der Wert des Beurteilungskriteriums ausfällt. Auf eine Gewichtung der einzelnen Bestandteile der zusammengesetzten Kriterien wurde verzichtet.

Kurzbezeichnung des Beurteilungs- kriteriums	Definition
K	Reichweite
T	Kehrwert des Tausender-Preises
A	Affinität
K+T	Reichweiten-Index + Tausender-Preis-Index
K+A	Reichweiten-Index + Affinität-Index
T+A	Tausender-Preis-Index + Affinität-Index
K+T+A	Reichweiten-Index + Tausender-Preis-Index + Affinität-Index
K*T	Reichweiten-Index x Tausender-Preis-Index
K*A	Reichweiten-Index x Affinität-Index
T*A	Tausender-Preis-Index x Affinität-Index
K*T*A	Reichweiten-Index x Tausender-Preis-Index x Affinität-Index

Abb. 14: Die im Rahmen der Simulationsuntersuchungen analysierten Beurteilungskriterien

Bei Rabattkombinationen sind den Berechnungen Nettoreichweiten zugrunde gelegt. Reichweitenwerte werden in der Regel als Häufigkeiten, Tausender-Preise in DM und Affinitäten als Prozentsätze angegeben. Für eine Beurteilung der Media auf der Basis singulärer Kriterien ist die Unterschiedlichkeit der Dimension der Maßgrößen unerheblich; sollen allerdings zusammengesetzte Beurteilungskriterien der Bewertung zugrunde gelegt werden, so muß die Vergleichbarkeit der Kriterien gewährleistet werden. Eine in diesem Zusammenhang weit verbreitete Praxis besteht darin, die einzelnen Kriterien zuerst derart in Indices umzurechnen, daß dem jeweils kriteriumsspezifisch besten Medium 100 Einheiten und den anderen Media proportional weniger Einheiten zugemessen werden (Abb. 15).

Beurteilungskriterium	numerischer Wert für Medium i	Index des numerischen Werts für Medium i
Reichweite	$\sum_l K_{i1}\alpha_i\beta_1$	$\dfrac{\sum_l K_{i1}\alpha_i\beta_1}{\max\limits_i \sum_l K_{i1}\alpha_i\beta_1} \times 100$
Kehrwert des Tausender-Preises	$\dfrac{\sum_l K_{i1}\alpha_i\beta_1}{C_i \times 1000}$	$\dfrac{\dfrac{\sum_l K_{i1}\alpha_i\beta_1}{C_i}}{\max\limits_i \dfrac{\sum_l K_{i1}\alpha_i\beta_1}{C_i}} \times 100$
Affinität	$\dfrac{\sum_l K_{i1}\alpha_i\beta_1}{K_i}$	$\dfrac{\dfrac{\sum_l K_{i1}\alpha_i\beta_1}{K_i}}{\max\limits_i \dfrac{\sum_l K_{i1}\alpha_i\beta_1}{K_i}} \times 100$

Abb. 15: Ableitung von Indexwerten für die Beurteilungskriterien der Media

Die Rangreihen der Vorteilhaftigkeit der einzelnen Media für das Gewichtungsschema A und alle 11 Beurteilungskriterien sind in Teil III.5 wiedergegeben. Tabelle 23 gibt die daraus abgeleiteten gewichteten Rangkorrelationskoeffizienten wieder. Die Durchschnittswerte für die vier Produkte sind in Tabelle 24 wiedergegeben.

Die Tabellen 23 und 24 machen sichtbar, daß der Wahl des Beurteilungskriteriums erhebliche Bedeutung zukommt. Betrachtet man zunächst den Fall der nicht-zusammengesetzten Kriterien Reichweite, Tausender-Preis und Affinität, so zeigen sich hier die in Tabelle 25 wiedergegebenen gewichteten Rangkorrelationskoeffizienten.

Tab. 23: Gewichtete Rangkorrelationskoeffizienten zwischen den Rangreihen der Media, ermittelt auf der Basis unterschiedlicher Beurteilungskriterien bei Unterstellung des Gewichtungsschemas A (Teil I)

	K	T	A	K+T	K+A	T+A	K+T+A	K*T	K*A	T*A	K*T*A
K	1.0000	0.1223	-0.0853	0.4824	0.2384	-0.0217	0.2789	0.9418	0.9395	0.0749	0.9560
T	0.1223	1.0000	0.8579	0.9035	0.8304	0.9570	0.9283	0.1442	0.2606	0.9706	0.2916
A	-0.0853	0.8579	1.0000	0.7257	0.9217	0.9467	0.8776	-0.1262	0.1195	0.9017	0.0860
K*T	0.4824	0.9035	0.7257	1.0000	0.8296	0.8210	0.9192	0.4629	0.6060	0.8606	0.5956
K+A	0.2384	0.8304	0.9217	0.8296	1.0000	0.8812	0.9395	0.1393	0.4558	0.8853	0.3637
T+A	-0.0217	0.9570	0.9467	0.8210	0.8812	1.0000	0.9395	-0.0039	0.1574	0.9744	0.1753
K+T+A	0.2789	0.9283	0.8776	0.9192	0.9395	0.9395	1.0000	0.2300	0.4324	0.9534	0.4089
K*T	0.9418	0.1442	-0.1262	0.4629	0.1393	-0.0039	0.2300	1.0000	0.8439	0.0810	0.9013
K*A	0.9395	0.2606	-0.1195	0.6060	0.4558	0.1574	0.4324	0.8439	1.0000	0.2448	0.9503
T*A	0.0749	0.9706	0.9017	0.8606	0.8853	0.9744	0.9534	0.0810	0.2448	1.0000	0.2601
K*T*A	0.9560	0.2916	0.0860	0.5956	0.3637	0.1753	0.4089	0.9013	0.9503	0.2601	1.0000

Produkt: Zahnpasta/-creme

	K	T	A	K+T	K+A	T+A	K+T+A	K*T	K*A	T*A	K*T*A
K	1.0000	0.5908	0.2601	0.8418	0.7340	0.4528	0.7136	0.9219	0.9677	0.6368	0.8991
T	0.5908	1.0000	0.6432	0.8909	0.8248	0.8792	0.9158	0.6044	0.5683	0.8333	0.6183
A	0.2601	0.6432	1.0000	0.5272	0.7375	0.8786	0.7184	0.1599	0.1836	0.3939	0.1560
K*T	0.8418	0.8909	0.5272	1.0000	0.8925	0.7465	0.9258	0.8270	0.8126	0.8317	0.8149
K+A	0.7340	0.8248	0.7375	0.8925	1.0000	0.8309	0.9659	0.6670	0.6805	0.6549	0.6525
T+A	0.4528	0.8792	0.8786	0.7465	0.8309	1.0000	0.8922	0.3879	0.3954	0.6281	0.3987
K+T+A	0.7136	0.9158	0.7184	0.9258	0.9659	0.8922	1.0000	0.6708	0.6692	0.7235	0.6676
K*T	0.9219	0.6044	0.1599	0.8270	0.6670	0.3879	0.6708	1.0000	0.9699	0.7511	0.9841
K*A	0.9677	0.5683	0.1836	0.8126	0.6805	0.3954	0.6692	0.9699	1.0000	0.6937	0.9595
T*A	0.6368	0.8333	0.3939	0.8317	0.6549	0.6281	0.7235	0.7511	0.6937	1.0000	0.7919
K*T*A	0.8991	0.6183	0.1560	0.8149	0.6525	0.3987	0.6676	0.9841	0.9595	0.7919	1.0000

Produkt: Weinbrand/Brandy/Cognac

	K	T	A	K+T	K+A	T+A	K+T+A	K*T	K*A	T*A	K*T*A
K	1.0000	0.1910	0.0960	0.7366	0.4542	0.1165	0.3801	0.9584	0.9734	0.1107	0.9726
T	0.1910	1.0000	0.8707	0.7410	0.8458	0.9477	0.8975	0.1089	0.3113	0.9701	0.2726
A	0.0960	0.8707	1.0000	0.5848	0.8862	0.9597	0.9021	-0.0468	0.2048	0.9207	0.1319
K*T	0.7366	0.7410	0.5848	1.0000	0.8260	0.6486	0.8175	0.6648	0.8321	0.6700	0.8003
K+A	0.4542	0.8458	0.8862	0.8260	1.0000	0.8849	0.9852	0.3279	0.5596	0.8436	0.4882
T+A	0.1165	0.9477	0.9597	0.6486	0.8849	1.0000	0.9264	-0.0006	0.2345	0.9587	0.1799
K+T+A	0.3801	0.8975	0.9021	0.8175	0.9852	0.9264	1.0000	0.2642	0.4914	0.8877	0.4308
K*T	0.9584	0.1089	-0.0468	0.6648	0.3279	-0.0006	0.2642	1.0000	0.9278	0.0292	0.9471
K*A	0.9734	0.3113	0.2048	0.8321	0.5596	0.2345	0.4914	0.9278	1.0000	0.2399	0.9785
T*A	0.1107	0.9701	0.9207	0.6700	0.8436	0.9587	0.8877	0.0282	0.2399	1.0000	0.1395
K*T*A	0.9726	0.2726	0.1319	0.8003	0.4882	0.1799	0.4308	0.9471	0.9785	0.1895	1.0000

Produkt: löslicher Bohnenkaffee (Pulverkaffee)

Die Werte der Tabellen 23 bis 25 bringen zum Ausdruck, daß Beurteilungen auf der Basis von Reichweiten-Werten zu völlig anderen Ergebnissen führen als solche auf der Basis von Tausender-Preisen und Affinitäten. Daß Urteile auf der Basis von Tausender-Preisen und Affinitäten ähnliche Resultate zutage fördern, ist vor dem Hintergrund der Überlegungen in Teil II.5.1 verständlich. Unter-

Tab. 23: Gewichtete Rangkorrelationskoeffizienten zwischen den Rangreihen der Media, ermittelt auf der Basis unterschiedlicher Beurteilungskriterien bei Unterstellung des Gewichtungsschemas A (Teil II)

	K	T	A	K+T	K+A	T+A	K+T+A	K*T	K*A	T*A	K*T*A
K	1.0000	0.1575	0.0131	0.7351	0.4658	0.0609	0.3522	0.9557	0.9602	0.0369	0.9542
T	0.1575	1.0000	0.9035	0.7053	0.8450	0.9612	0.9306	0.0701	0.2906	0.9447	0.2865
A	0.0131	0.9035	1.0000	0.5301	0.8249	0.9767	0.8841	-0.1129	0.1312	0.9341	0.1046
K+T	0.7351	0.7053	0.5301	1.0000	0.8567	0.6111	0.8295	0.6639	0.8334	0.6060	0.8368
K+A	0.4658	0.8450	0.8249	0.8567	1.0000	0.8514	0.9637	0.3480	0.5931	0.8153	0.5556
T+A	0.0609	0.9612	0.9767	0.6111	0.8514	1.0000	0.9242	-0.0449	0.1964	0.9676	0.1748
K+T+A	0.3522	0.9306	0.8841	0.8295	0.9637	0.9242	1.0000	0.2561	0.4832	0.9106	0.4672
K*T	0.9557	0.0701	-0.1129	0.6639	0.3480	-0.0449	0.2561	1.0000	0.9271	-0.0491	0.9441
K*A	0.9602	0.2906	0.1312	0.8334	0.5931	0.1964	0.4832	0.9271	1.0000	0.1861	0.9766
T*A	0.0369	0.9447	0.9341	0.6060	0.8153	0.9676	0.9106	-0.0491	0.1861	1.0000	0.1717
K*T*A	0.9542	0.2865	0.1046	0.8368	0.5556	0.1748	0.4672	0.9441	0.9766	0.1717	1.0000

Produkt: Kartoffelknödel

Tab. 24: Durchschnittliche gewichtete Rangkorrelationskoeffizienten zwischen den Rangreihen der Media, ermittelt auf der Basis unterschiedlicher Beurteilungskriterien bei Unterstellung des Gewichtungsschemas A

	K	T	A	K+T	K+A	T+A	K+T+A	K*T	K*A	T*A	K*T*A
K	1,00	0,27	0,07	0,70	0,47	0,15	0,43	0,94	0,96	0,21	0,94
T	0,27	1,00	0,82	0,81	0,84	0,94	0,92	0,23	0,36	0,93	0,37
A	0,07	0,82	1,00	0,59	0,84	0,94	0,85	0,03	0,16	0,79	0,12
K+T	0,70	0,81	0,59	1,00	0,85	0,71	0,87	0,65	0,77	0,74	0,76
K+A	0,47	0,84	0,84	0,85	1,00	0,86	0,96	0,37	0,57	0,80	0,52
T+A	0,15	0,94	0,94	0,71	0,86	1,00	0,92	0,15	0,44	0,88	0,23
K+T+A	0,43	0,92	0,85	0,87	0,96	0,92	1,00	0,36	0,52	0,87	0,49
K*T	0,94	0,23	0,03	0,65	0,37	0,15	0,36	1,00	0,92	0,20	0,94
K*A	0,96	0,36	0,16	0,77	0,57	0,44	0,52	0,92	1,00	0,34	0,96
T*A	0,21	0,93	0,79	0,74	0,80	0,88	0,87	0,20	0,34	1,00	0,35
K*T*A	0,94	0,37	0,12	0,76	0,52	0,23	0,49	0,94	0,96	0,35	1,00

schiedliche Bewertungen durch die Kriterien Tausender-Preis und Affinität erklären sich vor allem dadurch, daß die Rangreihen auf der Basis von ganzzahligen Indexwerten gebildet worden sind und daher von Produkt zu Produkt unterschiedliche Anzahlen verbundener Ränge auftreten. Die Zahl der Bindungen ist für das Kriterium-Paar Tausender-Preis/Affinität bei dem Produkt Weinbrand besonders hoch, was nicht zuletzt auch auf die um zwei Media vergrößerte Media-Anzahl zurückzuführen ist.

Tab. 25: Übereinstimmung von Rangreihen der Media bei Unterstellung des Gewichtungsschemas A und alternativer Beurteilungskriterien

Beurteilungskriterium-Paar	Gewichteter Rangkorrelationskoeffizient				
	Durch-schnitt	Zahn-pasta	Wein-brand	Pulver-kaffee	Kartoffel-knödel
Reichweite/Tausender-Preis	0,27	0,12	0,59	0,19	0,16
Reichweite/Affinität	0,07	-0,08	0,26	0,10	0,01
Tausender-Preis/Affinität	0,82	0,86	0,64	0,87	0,90

Eine nähere Analyse der Werte für die zusammengesetzten Beurteilungskriterien zeigt, daß das Kriterium Reichweite die Kriterien Tausender-Preis bzw. Affinität dominiert, was auf die größere Varianz des Kriteriums Reichweite zurückzuführen ist. Die Indexwerte der einzelnen Media bzw. Rabattkombinationen von Media weisen beispielsweise für das Produkt löslicher Bohnenkaffee (Pulverkaffee) Werte zwischen 7 und 100 bezüglich des Kriteriums Reichweite, aber nur zwischen 30 und 100 bzw. 18 und 100 für die Kriterien Tausender-Preis bzw. Affinität auf (vgl. Teil III.5). Das soeben vorgebrachte Argument gilt insbesondere dann, wenn der Reichweiten-Index mit der Affinität-Index multiplikativ verknüpft wird. Für die Auswahl eines Beurteilungkriteriums folgt daraus unmittelbar:

— Die Verwendung des Beurteilungskriteriums Affinität ist theoretisch nicht gerechtfertigt, und zwar weder als singuläres noch als Faktor eines zusammengesetzten Beurteilungskriteriums.

— Die Verwendung der zusammengesetzten Zielkriterien $K \cdot T$, $K \cdot A$ bzw. $K \cdot T \cdot A$ anstelle des Kriteriums K ist wenig sinnvoll, da die Beurteilungsfaktoren T und A in diesem Fall geringen Einfluß auf das Gesamtkriterium ausüben.

— Die Kriterien Tausender-Preis und Reichweite führen bei isolierter Betrachtung zu stark unterschiedlichen Rangreihen der Vorteilhaftigkeit, berücksichtigt man allerdings fest vorgegebene Streubudgets, so führen die Kriterien Tausender-Preis und Reichweite zu gleichartigen Beurteilungen.

7. Empfehlungen und abschließende Bemerkungen

Prinzipien der Mediabeurteilung zu entwickeln, die sowohl theoretischen als auch praktischen Anforderungen gerecht werden, stellte das Ziel dieser Untersuchung dar. Es sollten dabei auch allgemein verfügbare Daten auf ihre

Brauchbarkeit für Zwecke einer datengestützten Entscheidungsfindung hin untersucht werden.

Zunächst wurden sachlogische Analysen angestellt und im weiteren Fortgang auf Simulationsstudien aufbauende Resultate abgeleitet. Während den theoretischen Analysen eine Allgemeingültigkeit zuzusprechen ist, kann dies nicht für die aus Simulationsstudien abgeleiteten Erkenntnisse gelten. Hinsichtlich anderer Media und Produkte kommt ihnen lediglich ein heuristischer Erkenntniswert zu.

Als Ergebnis der Analysen können folgende Empfehlungen für die praktische Mediaplanung formuliert werden:

(1) Mediabeurteilung auf der Basis von Affinitätswerten ist aufgrund sachlogischer Überlegungen abzulehnen. Der Mediaselektion sollten die Kriterien Reichweite oder Tausender-Preis zugrunde gelegt werden. In der Realität ist die Entscheidung für eines dieser beiden Kriterien nicht ergebnisrelevant, da praktische Mediaplanung unter Beachtung strikter Budgetgrenzen vorgenommen wird und in diesem Fall die Rangreihen der Vorteilhaftigkeit der Media nahezu gleich sind.

(2) Im Rahmen der Mediaplanung muß der Wahl der Gewichtungsschemata — sowohl solcher der Personen als auch solcher der Media — mehr Sorgfalt gewidmet werden. Diesen Faktoren kommt ein beachtlicher Einfluß auf das Urteil der Vorteilhaftigkeit einzelner Media zu. Das sehr häufig angewendete einfache Modell, bei dem weder Personensegment- noch Media-Gewichte berücksichtigt werden, führt zu Mediarangreihen, die nur wenig mit den Rangreihen, die sich aufgrund sachlogisch richtiger Überlegungen ergeben, übereinstimmen, d.h. zu nicht optimalen Rangreihen. Bei näherer Analyse zeigt sich, daß vor allem den Aspekten Kompetenz der Media und Entscheidungseinfluß von Personen sehr große Bedeutung in bezug auf Mediarangreihen zukommt.

(3) Es sind verstärkt Anstrengungen notwendig, um die Aspekte Entscheidungseinfluß einer Person, Seitenkontaktwahrscheinlichkeit und Kompetenz eines Mediums reliabel und valide zu messen.

Teil III:

Anhang

1. Fragebogen zur Umfrage „Praxis der Mediaplanung"

Universität Regensburg
Wirtschaftswissenschaftliche Fakultät

Prof. Dr. Franz Böcker

D- 8400 REGENSBURG,
Universitätsstraße 31 · Postfach 397
Telefon (0941) 9431/ Durchw. 943 2277
Telex: 65658 unire d

PRAXIS DER MEDIAPLANUNG

(STUDIE 1984/1)

DIE NACHSTEHEND WIEDERGEGEBENEN FRAGEN KÖNNEN - MIT WENIGEN AUSNAHMEN - DURCH EINFACHES ANKREUZEN BEANTWORTET WERDEN. IN DENJENIGEN FÄLLEN, IN DENEN EINE FREIE BEANTWORTUNG ERBETEN WIRD, IST DIES DURCH ENTSPRECHENDEN FREIEN RAUM KENNTLICH GEMACHT.

1. Berücksichtigen Sie im Rahmen der Mediaplanung unterschiedliche Gewichte für einzelne Teile der Gesamtbevölkerung (Segmente)?

nie	selten	50:50	häufig	immer
☐	☐	☐	☐	☐

2. Falls Sie keine Segmentgewichte bei der Medienplanung berücksichtigen, warum? (anschließend gleich weiter mit Frage 7)

_____

_____

_____

3. Welche Gesichtspunkte berücksichtigen Sie bei der Festlegung der Segmentgewichte?

berücksichtigen wir

	überhaupt nicht				umfassend
Kauf- bzw. Verbrauchsverhalten beim beworbenen Produkt	☐	☐	☐	☐	☐
Kauf- bzw. Verbrauchsverhalten bei verwandten Produkten	☐	☐	☐	☐	☐
Einfluß der kontaktierten Personen auf das Kauf- bzw. Verbrauchsverhalten anderer Personen	☐	☐	☐	☐	☐
sonstige	☐	☐	☐	☐	☐

welche?

_____

_____

4. Wie leiten Sie die einzelnen Segmentgewichte ab?

Sie werden von den Auftrag-
gebern vorgegeben   ca. ____% der Fälle

Wir bestimmen sie im Einver-
nehmen mit den Kunden, ohne
auf umfangreiche Untersuchun-
gen zurückzugreifen   ca. ____% der Fälle

Wir bestimmen sie auf der
Grundlage von Studien zum
Verbrauchs- bzw. Kaufverhalten   ca. ____% der Fälle
                    welcher?

_____

Wir bestimmen sie aufgrund
sonstiger Untersuchungen   ca. ____% der Fälle
                    welcher?

_____

5. Wenn Sie Personensegmente nach mehreren Merkmalen beschreiben,
   welche Vorgehensweise bei der Personengewichtung wählen Sie
   in diesem Fall?

Es werden die Gewichte für alle
Ausprägungen jedes Merkmals ermittelt (Randgewichtung) und so-
dann diese Gewichte miteinander   ca. ____% der Fälle
multipliziert

Wir ermitteln die Gewichte für
alle Zellen (Segmente), die sich
aus den Merkmalskombinationen
ableiten lassen, einzeln (Zell-   ca. ____% der Fälle
gewichtung)

6. Welche numerischen Gewichte legen Sie üblicherweise oder
   durchschnittlich für die einzelnen Personensegmente fest (z.B.
   für Kernzielgruppe 1.0 bzw. 100)? Falls diese Gewichte innerhalb eines Bereichs schwanken, geben Sie bitte den Schwankungs-
   bereich an.

für Kernzielgruppe: _____   _____

für sonstige wichtige Segmente: _____   _____

für relativ unwichtige Segmente: _____   _____

7. Wie nehmen Sie die Beurteilung der verschiedenen Medien
   bzw. Streupläne vor?

   anhand eines Kriteriums je Pla-
   nungsfall   ca. ____% der Fälle

   anhand mehrerer Kriterien je
   Planungsfall, die miteinander
   zu einer globalen Größe ver-
   knüpft werden   ca. ____% der Fälle

   anhand mehrerer Kriterien je
   Planungsfall   ca. ____% der Fälle

8. Welche Kriterien (ggf. gewichtet) verwenden Sie entweder
   einzeln oder als Bausteine zu einer umfassenden Beurteilung
   einzelner Medien bzw. Streupläne?

	nie	selten	50:50	häufig	immer
Anzahl der Leser	☐	☐	☐	☐	☐
Anzahl der Kontakte	☐	☐	☐	☐	☐
Affinitäten	☐	☐	☐	☐	☐
1000-Leser-Preise	☐	☐	☐	☐	☐
1000-Kontakte-Preise	☐	☐	☐	☐	☐
sonstige	☐	☐	☐	☐	☐

9. Wenn Sie die Kontakt- oder Leserzahl als Kritierium heranziehen, wie geben Sie sie an?

   in Prozent   ☐
   in Millionen   ☐
   als Index   ☐

10. Wenn Sie 1000-Leser- oder 1000-Kontakte-Preise ermitteln,
    wie geben Sie sie an?

    in DM   ☐
    als Index   ☐

11. Falls Sie Affinitäten verwenden, wie geben Sie sie an?

in Prozent   ☐
als Index   ☐

12. Falls Sie Affinitäten ermitteln, wie definieren Sie sie?

_____

_____

_____

_____

13. Soweit Sie sonstige Kriterien zur Beurteilung einzelner
    Medien bzw. Streupläne heranziehen, wie definieren Sie sie?

_____

_____

_____

_____

14. Falls Sie einzelne Kriterien (nach Frage 8) oder sonstige
    Kriterien zu einer globalen Größe verknüpfen, wie verfahren
    Sie?

_____

_____

_____

_____

15. Berücksichtigen Sie in der Bewertung von Medien bzw. Streu-
    plänen aktuelle Werbeaktivitäten von Konkurrenten Ihres
    Kunden?

    in ca. _____ % der Fälle

    nein ☐

16. Berücksichtigen Sie im Rahmen der Mediaplanung unterschied-
    liche Gewichte für die einzelnen Medien?

nie	selten	50:50	häufig	immer
☐	☐	☐	☐	☐

17. Falls Sie keine Mediengewichte bei der Medienplanung be-
    rücksichtigen, warum?

    _____

    _____

18. Falls Sie Mediengewichte in die Mediaplanung einbeziehen,
    welche Gesichtspunkte berücksichtigen Sie bei ihrer Festlegung?

    berücksichtigen wir

	überhaupt nicht				umfas- send
Seitenkontaktwahr- scheinlichkeiten	☐	☐	☐	☐	☐
Qualität des re- daktionellen Umfelds	☐	☐	☐	☐	☐
Glaubwürdigkeit des Mediums	☐	☐	☐	☐	☐
Kompetenz des Mediums	☐	☐	☐	☐	☐
Affinität des Mediums mit Personensegmenten	☐	☐	☐	☐	☐
sonstige	☐	☐	☐	☐	☐

    welche?

    _____

    _____

2. Das Profil der einzelnen Personensegmente nach Umfang, durchschnittlicher Konsumintensität, durchschnittlicher Haushaltsgröße und Persönlichkeitsstärke

Nachstehend sind die Anzahl der den einzelnen Personensegmenten ange-
hörenden Individuen, deren Konsumintensitäten (in %) und Persönlich-
keitsstärken sowie die durchschnittlichen Haushaltsgrößen angegeben.

Für die einzelnen Segmente gelten dabei folgende Abkürzungen:

Geschlecht:
M: Männer; F: Frauen.

Alter:
20: 14-29 Jahre; 40: 30-49 Jahre; 60: über 50 Jahre.

Haushaltseinkommen/Monat:
a: bis 2000,- DM; b: 2000,- DM bis 3000,- DM; c: über 3000,- DM.

Gebiet:
I: Nielsen 1+5; II: Nielsen 2; III: Nielsen 3a+3b; IV: Nielsen 4.

Zustimmung zu "In der Haushaltsführung kann mir keiner etwas vor-
machen":
1: voll und ganz; 2: weitgehend; 3: eher nicht; 4: überhaupt nicht.

Zustimmung zu "Ich lege großen Wert darauf, gut auszusehen":
5: voll und ganz; 6: weitgehend; 7: eher nicht; 8: überhaupt nicht.

Quellen: Konsumintensitätswerte: VerbraucherAnalyse 83/84 (Axel
         Springer Verlag AG/Verlagsgruppe Bauer, 1983);
         Haushaltsgrößen: VerbraucherAnalyse 83/84 (Axel Springer
         Verlag AG/Verlagsgruppe Bauer, 1983);
         Persönlichkeitsstärken: Persönlichkeitsstärke (SPIEGEL-
         Verlag, 1983).

Segmentbe- schreibung	Segment- umfang (in Tsd)	durchschnittlicher Konsum- intensitätsindex (in %) Zahn- pasta	Brandy	Kaffee	Knödel	durchschn. Haushalts- größe	durchschn. Persönlich- keitsstärke
Gesamtheit	47300	–	–	–	–	3.07	.4536
M	21940	94	100	100	100	3.21	.5260
F	25360	100	49	86	91	2.95	.3856
20	13414	97	62	93	100	3.63	.4241
40	15321	100	100	97	91	3.55	.5340
60	18565	79	72	100	86	2.26	.4046
a	14493	84	58	95	86	2.17	.3266
b	16395	98	74	100	100	3.20	.4506
c	16412	100	100	95	95	3.74	.5432
I	11090	98	100	51	39	2.91	.4418
II	13026	100	74	62	51	3.06	.4640
III	14796	99	83	75	63	3.11	.4548
IV	8389	96	90	100	100	3.24	.4342
5	8383	100	93	98	100	3.20	.5228
6	23025	97	86	93	89	3.06	.4272
7	10113	89	100	100	80	3.13	.3590
8	5779	82	86	85	81	2.83	.3630
1	4763	94	49	100	91	2.65	–
2	12426	100	77	96	95	2.92	–
3	15287	100	96	93	95	3.15	–
4	14824	98	100	100	100	3.24	–

Segmentbe- schreibung	Segment- umfang (in Tsd)	durchschnittlicher Konsum- intensitätsindex (in %) Zahn- pasta	Brandy	Kaffee	Knödel	durchschn. Haushalts- größe	durchschn. Persönlich- keitsstärke
M 20 I 1	23	100	6	12	0	3.75	.4773
M 20 I 2	114	71	32	12	44	2.45	.4773
M 20 I 3	588	76	24	12	43	3.36	.4773
M 20 I 4	794	76	25	11	24	3.65	.4773
M 20 II 1	126	77	14	22	66	3.41	.4670
M 20 II 2	211	84	26	21	46	3.46	.4670
M 20 II 3	548	79	13	13	21	3.32	.4670
M 20 II 4	976	73	19	11	34	3.73	.4670
M 20 III 1	63	60	60	61	27	3.64	.4607
M 20 III 2	141	73	27	22	29	4.93	.4607
M 20 III 3	839	73	31	20	47	3.83	.4607
M 20 III 4	1136	81	30	27	65	3.67	.4607
M 20 IV 1	34	69	77	27	84	3.83	.4222
M 20 IV 2	154	70	100	66	95	4.33	.4222
M 20 IV 3	428	67	100	22	79	3.67	.4222
M 20 IV 4	651	72	54	21	74	4.11	.4222
M 40 I 1	57	76	46	21	41	3.60	.5939
M 40 I 2	325	77	47	10	23	3.25	.5939
M 40 I 3	720	76	60	19	21	3.37	.5939
M 40 I 4	714	73	49	10	14	3.57	.5939
M 40 II 1	86	83	6	33	40	3.60	.5973
M 40 II 2	286	76	46	25	49	3.66	.5973
M 40 II 3	697	76	32	15	36	3.22	.5973
M 40 II 4	1085	80	28	14	40	3.37	.5973
M 40 III 1	74	63	29	30	41	3.23	.6218
M 40 III 2	320	69	44	27	71	3.36	.6218
M 40 III 3	737	79	52	19	47	3.47	.6218
M 40 III 4	1233	75	39	24	43	3.40	.6218
M 40 IV 1	40	64	28	100	85	3.43	.5802
M 40 IV 2	263	79	24	26	71	4.04	.5802
M 40 IV 3	468	75	35	22	72	3.50	.5802
M 40 IV 4	554	77	39	29	84	3.30	.5802
M 60 I 1	80	82	84	3	24	2.00	.5064
M 60 I 2	223	72	28	29	21	2.10	.5064
M 60 I 3	634	62	48	14	39	2.46	.5064
M 60 I 4	811	61	28	20	28	2.27	.5064
M 60 II 1	103	48	32	30	21	2.28	.5122
M 60 II 2	297	63	33	13	33	2.50	.5122
M 60 II 3	680	65	23	12	30	2.82	.5122
M 60 II 4	954	63	48	21	41	2.56	.5122
M 60 III 1	131	59	9	7	25	2.30	.4916
M 60 III 2	280	71	30	13	46	2.22	.4916
M 60 III 3	645	63	17	19	46	2.56	.4916
M 60 III 4	1285	58	30	19	56	2.72	.4916
M 60 IV 1	90	56	51	42	88	2.57	.5245
M 60 IV 2	166	64	19	26	90	2.17	.5245
M 60 IV 3	423	62	26	33	58	2.74	.5245
M 60 IV 4	662	60	31	27	70	2.74	.5245

Segmentbe-schreibung	Segment-umfang (in Tsd)	durchschnittlicher Konsum-intensitätsindex (in %)				durchschn. Haushalts-größe	durchschn. Persönlich-keitsstärke
		Zahn-pasta	Brandy	Kaffee	Knödel		
F 20 I 1	69	83	11	14	32	3.18	.3638
F 20 I 2	417	86	25	11	23	3.51	.3638
F 20 I 3	622	83	12	12	41	3.40	.3638
F 20 I 4	371	81	8	9	26	3.25	.3638
F 20 II 1	57	75	4	17	100	3.10	.3925
F 20 II 2	434	82	8	25	64	3.22	.3925
F 20 II 3	731	86	10	15	42	3.34	.3925
F 20 II 4	600	36	3	5	34	3.97	.3925
F 20 III 1	126	91	12	10	33	3.23	.3995
F 20 III 2	485	87	11	15	48	3.54	.3995
F 20 III 3	1022	83	15	15	48	3.79	.3995
F 20 III 4	474	80	10	19	46	3.86	.3995
F 20 IV 1	51	83	12	19	33	4.60	.3887
F 20 IV 2	291	79	18	22	53	3.61	.3887
F 20 IV 3	520	78	20	26	81	4.09	.3887
F 20 IV 4	314	87	16	32	55	3.76	.3887
F 40 I 1	240	80	14	13	28	3.76	.4508
F 40 I 2	725	87	31	11	26	3.82	.4508
F 40 I 3	611	82	35	18	23	3.53	.4508
F 40 I 4	217	89	18	16	19	3.24	.4508
F 40 II 1	360	89	5	12	29	4.11	.4658
F 40 II 2	874	85	17	19	33	3.68	.4658
F 40 II 3	702	85	31	14	34	3.59	.4658
F 40 II 4	229	66	27	7	36	3.80	.4658
F 40 III 1	303	82	18	10	38	3.81	.4651
F 40 III 2	971	84	18	16	36	3.49	.4651
F 40 III 3	834	83	14	16	43	3.67	.4651
F 40 III 4	263	34	26	27	48	3.52	.4651
F 40 IV 1	217	75	1	7	89	4.42	.4832
F 40 IV 2	588	83	3	23	94	3.90	.4832
F 40 IV 3	411	75	22	20	69	3.71	.4832
F 40 IV 4	120	89	12	30	83	3.19	.4832
F 60 I 1	731	60	14	13	19	2.09	.3184
F 60 I 2	1108	62	14	11	30	2.56	.3184
F 60 I 3	582	63	31	14	23	3.25	.3184
F 60 I 4	314	69	13	5	60	2.76	.3184
F 60 II 1	628	56	5	23	38	1.77	.3635
F 60 II 2	1193	66	10	13	30	2.04	.3635
F 60 II 3	691	64	23	17	27	1.97	.3635
F 60 II 4	480	74	19	23	39	2.42	.3635
F 60 III 1	635	69	30	12	49	1.80	.3469
F 60 III 2	1553	67	22	18	37	2.14	.3469
F 60 III 3	857	68	9	24	33	2.37	.3469
F 60 III 4	343	62	34	30	36	2.05	.3469
F 60 IV 1	400	68	8	39	67	2.10	.2949
F 60 IV 2	1005	66	15	24	61	2.19	.2949
F 60 IV 3	297	68	11	16	73	1.33	.2949
F 60 IV 4	246	58	0	28	66	2.07	.2949

Segmentbe-schreibung	Segment-umfang (in Tsd)	durchschnittlicher Konsum-intensitätsindex (in %)				durchschn. Haushalts-größe	durchschn. Persönlich-keitsstärke
		Zahn-pasta	Brandy	Kaffee	Knödel		
M a 5	668	75	69	68	69	2.67	.4608
M a 6	2124	81	54	66	75	2.33	.3626
M a 7	1542	77	67	67	64	2.49	.3155
M a 8	1039	68	45	64	69	2.20	.2838
M b 5	731	93	45	100	100	3.34	.6074
M b 6	3769	90	55	68	75	3.30	.4996
M b 7	2330	85	58	62	70	3.16	.4139
M b 8	1262	79	58	59	68	2.97	.3740
M c 5	1142	88	100	57	90	3.89	.6143
M c 6	3832	92	76	55	69	3.58	.5075
M c 7	2404	86	78	70	65	3.85	.4150
M c 8	1096	86	65	40	67	3.79	.3964
F a 5	1685	90	33	53	57	2.13	.3561
F a 6	4483	83	10	58	60	2.05	.2555
F a 7	1667	71	15	42	51	2.12	.1946
F a 8	1285	68	23	46	59	1.80	.2926
F b 5	2250	98	35	51	85	3.26	.4313
F b 6	4311	97	33	53	67	3.15	.3679
F b 7	1154	86	38	58	56	3.25	.2536
F b 8	588	89	44	59	71	3.20	.2700
F c 5	1907	100	46	65	72	3.78	.4487
F c 6	4506	98	42	52	73	3.79	.3522
F c 7	1016	96	28	73	56	3.79	.2707
F c 8	508	88	31	56	38	3.80	.3143

3. Das Profil der einzelnen Media bzw. Rabattkombinationen von Media nach Reichweite, Belegkosten, Seitenkontaktwahrscheinlichkeit und Kompetenz

Als Seitenkontaktwahrscheinlichkeiten wurden diejenigen für Anzeigenseiten herangezogen; bei Media, für die keine entsprechenden Werte vorliegen, wurden gewogene Mittelwerte vergleichbarer Titel herangezogen. Die Kompetenz der einzelnen Media ist als Indexwert angegeben, wobei 100 bedeutet, daß alle Leser (nur weibliche Personen in der Stichprobe) dem Medium für den entsprechenden Themenkreis die höchste Zuständigkeit zusprachen. Als Kompetenzwerte von Rabattkombinationen wurden die höchsten Werte der betroffenen Media herangezogen.

Quellen: Reichweiten: Media-Analyse 1983 (Arbeitsgemeinschaft Media-Analyse e.V. 1983);
Belegkosten: Verlagsmitteilungen;
Seitenkontaktwahrscheinlichkeiten: Werbemittelkontaktchancen (Deutscher Supplement-Verlag, o.J.);
Mediakompetenz: Zuständigkeiten (Jahreszeitenverlag, 1983).

Media und Rabattkombinationen von Media	Quantitative Reichweite (in Mio.)1983	Belegkosten (in DM)1984	Seitenkontaktwahr- lichkeit	Media-Kompetenz Zahn- pasta	Bran- dy	Pulver- kaffee	Knö- del
Hörzu	H	12.36	121232	0.6696	25	30	33	37
Bunte	B	5.15	56224	0.4515	29	33	36	39
Fernsehwoche	FW	5.01	52349	0.7963	25	27	31	39
Funkuhr	FU	4.94	49190	0.5971	24	25	29	34
Quick	Q	3.44	37785	0.4771	25	25	26	28
Gong	G	3.11	29792	0.5076	21	27	31	36
Freizeit Revue	FZ	2.68	21030	0.5792	33	33	32	39
Praline	PR	2.03	19852	0.5792	30	26	26	29
Neue Revue	N	3.71	40780	0.5239	27	27	28	30
Bild + Funk	BF	2.96	30880	0.4877	24	25	28	33
TV Hören u. Sehen	HS	6.92	69811	0.4605	23	28	32	38
Wochenend	WO	1.67	17952	0.5792	27	27	25	33
Neue Post	NP	3.11	36784	0.6750	37	33	36	43
Frau im Spiegel	FP	2.69	28260	0.5192	47	39	41	47
Neue Blatt	NB	2.73	31468	0.6869	35	34	35	43
Brigitte	BR	4.43	76836	0.7203	80	61	63	69
Die Aktuelle	AK	1.64	21280	0.7203	41	33	35	47
Tina	TI	3.47	48902	0.6982	66	53	56	63
Für Sie	FS	2.87	44376	0.7203	78	60	61	68
Bella	BE	1.35	20678	0.7203	69	48	53	64
Freundin	FR	2.71	39380	0.7203	00	59	60	66
Petra	PE	1.24	27072	0.7203	78	55	55	60
Carina	CR	0.82	16000	0.7203	64	42	45	53
Meine Fam. + Ich	FI	1.48	28456	0.7203	35	75	82	80
Tandem	TAN	16.74	161980	0.6489	25	50	33	37
Basis Vier	QKV	15.53	162426	0.5822	27	29	32	39
Burda Komb.	BK	7.61	71248	0.4646	29	33	36	39
Basis Drei	QKD	11.61	125568	0.5058	27	29	32	38
Basis Progr.	QKP	11.45	116704	0.6066	25	28	31	39
Basis Zwei	QKZ	6.04	66816	0.5496	27	27	28	30
Tina-Bella	TIB	4.24	68256	0.7045	69	53	56	64
Frauenkomb.	FK	3.73	62264	0.7203	78	60	61	68
Prof. Komb.	PKO	3.07	32524	0.5792	30	27	26	33
Stern	S	7.86	87552	0.6259	15	19	21	21
Spiegel	SP	4.73	63384	0.5792	4	6	6	5

4. Vorteilhaftigkeit einzelner Media bzw. Rabattkombinationen von Media je nach Gewichtungsschema

Den nachstehenden Tabellen liegt das Zielkriterium Reichweite
(Abb. 14) zugrunde. Die einzelnen Gewichtungsschemata der Media-
beurteilung sind in Abbildung 13 definiert. Die Abkürzungen der
Media bzw. Rabattkombinationen von Media sind in Anhang 3 erklärt.
Die Media bzw. Rabattkombinationen von Media sind sowohl nach dem
Index der Vorteilhaftigkeit (bestes Medium: 100 Produkte) als auch
- in Klammern - nach Rangwerten der Vorziehenswürdigkeit beurteilt.

Quelle: Eigene Berechnungen.

	A	B	C	D	E	F	G	H	I
H	52 (4)	54 (4)	52 (6)	67 (4)	65 (4)	66 (4)	65 (4)	65 (4)	64 (5)
B	17 (24)	17 (23)	25 (16)	28 (12)	27 (13)	26 (9)	26 (10)	28 (13)	27 (14)
FW	25 (16)	26 (15)	21 (19)	27 (13)	28 (10)	26 (10)	27 (9)	29 (12)	30 (12)
FU	19 (22)	18 (22)	20 (22)	25 (14)	26 (14)	25 (11)	26 (12)	27 (14)	28 (13)
Q	10 (29)	10 (29)	14 (28)	18 (19)	18 (19)	19 (17)	18 (18)	17 (23)	17 (23)
G	9 (31)	11 (28)	14 (29)	17 (21)	17 (22)	17 (19)	17 (19)	17 (24)	17 (24)
FZ	9 (32)	9 (32)	10 (32)	15 (26)	15 (26)	14 (24)	14 (26)	16 (25)	16 (25)
PR	10 (28)	10 (30)	11 (31)	11 (27)	11 (27)	11 (27)	11 (27)	10 (29)	10 (29)
N	14 (25)	15 (27)	18 (25)	19 (18)	19 (17)	20 (16)	19 (16)	18 (21)	18 (21)
BF	10 (30)	10 (31)	13 (30)	16 (24)	15 (25)	15 (20)	16 (22)	15 (26)	15 (26)
HS	19 (21)	19 (21)	27 (13)	36 (8)	36 (8)	36 (8)	36 (8)	37 (7)	37 (7)
WO	6 (33)	5 (33)	6 (33)	9 (30)	8 (30)	9 (28)	9 (28)	8 (32)	8 (32)
NP	14 (27)	15 (25)	14 (27)	17 (22)	18 (20)	15 (21)	16 (20)	21 (18)	21 (18)
FP	14 (26)	15 (26)	18 (24)	16 (23)	16 (23)	13 (25)	14 (24)	20 (19)	20 (19)
NB	26 (14)	23 (17)	22 (18)	15 (25)	16 (24)	13 (26)	14 (25)	19 (20)	19 (20)
BR	37 (10)	35 (10)	32 (11)	29 (10)	28 (11)	23 (13)	24 (13)	35 (10)	34 (10)
AK	26 (13)	27 (14)	24 (17)	10 (28)	10 (28)	8 (29)	9 (29)	12 (27)	12 (27)
TI	29 (11)	29 (11)	27 (14)	21 (15)	21 (15)	18 (18)	18 (17)	26 (15)	26 (15)
FS	44 (8)	44 (7)	40 (8)	19 (17)	18 (18)	15 (22)	16 (21)	23 (16)	23 (16)
BE	23 (19)	23 (18)	21 (20)	9 (31)	8 (31)	7 (31)	7 (31)	10 (30)	10 (30)
FR	44 (9)	44 (9)	39 (9)	18 (20)	17 (21)	14 (23)	15 (23)	22 (17)	21 (17)
PE	23 (18)	22 (19)	20 (21)	8 (32)	8 (32)	6 (32)	6 (32)	10 (31)	10 (31)
CR	18 (23)	16 (24)	15 (26)	6 (33)	6 (33)	4 (33)	5 (33)	8 (33)	7 (33)
FI	22 (20)	21 (20)	19 (23)	9 (29)	9 (29)	8 (30)	8 (30)	11 (28)	11 (28)
TAN	100 (1)	100 (1)	100 (1)	91 (2)	91 (2)	90 (2)	91 (2)	91 (2)	91 (2)
QKV	69 (2)	70 (2)	78 (2)	100 (1)	100 (1)	100 (1)	100 (1)	100 (1)	100 (1)
BK	26 (15)	27 (13)	37 (10)	44 (6)	43 (6)	42 (6)	43 (6)	45 (6)	45 (6)
QKD	52 (5)	52 (5)	67 (3)	74 (3)	73 (3)	75 (3)	74 (3)	72 (3)	72 (3)
QKP	49 (6)	49 (6)	53 (5)	62 (5)	63 (5)	61 (5)	62 (5)	64 (5)	65 (4)
QKZ	24 (17)	25 (16)	30 (12)	38 (7)	37 (7)	39 (7)	38 (7)	36 (9)	35 (9)
TIB	27 (12)	27 (12)	25 (15)	30 (9)	29 (9)	24 (12)	26 (11)	36 (8)	36 (8)
FK	67 (3)	67 (3)	60 (4)	28 (11)	27 (12)	21 (15)	22 (14)	34 (11)	33 (11)
PKO	47 (7)	44 (8)	49 (7)	20 (16)	20 (16)	22 (14)	20 (15)	18 (22)	18 (22)

Produkt: Zahnpasta/-creme

	A	B	C	D	E	F	G	H	I
H	30 (3)	31 (3)	30 (4)	68 (4)	67 (4)	67 (4)	67 (4)	67 (4)	66 (4)
B	8 (16)	8 (16)	12 (11)	25 (11)	25 (12)	26 (11)	26 (12)	24 (12)	23 (13)
FW	13 (9)	12 (11)	10 (13)	25 (12)	26 (11)	25 (12)	26 (11)	25 (11)	25 (11)
FU	9 (13)	9 (15)	9 (14)	24 (13)	24 (13)	24 (13)	24 (13)	24 (13)	24 (12)
Q	5 (25)	5 (24)	7 (20)	19 (16)	19 (16)	19 (17)	19 (18)	19 (16)	19 (16)
G	5 (29)	5 (26)	6 (24)	17 (18)	17 (18)	17 (20)	17 (20)	17 (17)	16 (18)
FZ	4 (30)	4 (30)	5 (28)	12 (23)	13 (23)	13 (24)	13 (24)	12 (20)	12 (20)
PR	5 (26)	5 (27)	5 (27)	11 (25)	11 (25)	12 (26)	11 (29)	11 (21)	11 (21)
N	7 (22)	6 (23)	8 (18)	20 (15)	20 (15)	20 (16)	20 (17)	21 (15)	21 (15)
BF	5 (27)	5 (29)	6 (23)	16 (20)	16 (20)	16 (21)	16 (21)	16 (18)	16 (17)
HS	10 (12)	9 (14)	13 (10)	36 (9)	36 (9)	36 (9)	36 (9)	35 (9)	35 (9)
WO	4 (32)	3 (34)	4 (32)	10 (29)	10 (30)	10 (30)	9 (30)	10 (24)	10 (23)
NP	5 (24)	5 (25)	5 (29)	12 (24)	13 (24)	13 (23)	14 (23)	11 (22)	11 (22)
FP	4 (33)	4 (33)	5 (30)	10 (30)	10 (29)	11 (29)	11 (28)	7 (28)	7 (28)
NB	7 (21)	6 (22)	6 (25)	10 (27)	11 (26)	11 (28)	12 (27)	9 (26)	9 (26)
BR	9 (14)	9 (12)	8 (16)	17 (19)	16 (19)	19 (18)	20 (16)	10 (23)	10 (24)
AK	6 (23)	6 (21)	6 (26)	7 (31)	7 (31)	7 (31)	8 (31)	5 (31)	5 (31)
TI	7 (20)	7 (20)	7 (22)	14 (22)	13 (22)	15 (22)	16 (22)	10 (25)	9 (25)
FS	9 (15)	9 (13)	8 (17)	11 (26)	10 (27)	12 (25)	13 (25)	6 (29)	6 (29)
BE	5 (28)	5 (28)	4 (31)	5 (33)	5 (33)	6 (33)	6 (33)	3 (33)	3 (33)
FR	7 (19)	8 (19)	7 (21)	10 (28)	10 (28)	11 (27)	12 (26)	6 (30)	6 (30)
PE	3 (34)	4 (32)	3 (34)	4 (34)	4 (34)	5 (34)	5 (34)	2 (34)	2 (34)
CR	2 (35)	2 (35)	2 (35)	3 (35)	2 (35)	3 (35)	3 (35)	1 (35)	1 (35)
FI	4 (31)	4 (31)	3 (33)	6 (32)	6 (32)	6 (32)	7 (32)	4 (32)	4 (32)
TAN	100 (1)	100 (1)	100 (1)	92 (2)	91 (2)	91 (2)	91 (2)	91 (2)	90 (2)
QKV	68 (2)	65 (2)	73 (2)	100 (1)	100 (1)	100 (1)	100 (1)	100 (1)	100 (1)
BK	13 (10)	13 (10)	18 (8)	42 (7)	41 (7)	42 (7)	42 (7)	40 (8)	40 (8)
QKD	29 (4)	28 (4)	36 (3)	76 (3)	75 (3)	76 (3)	75 (3)	76 (3)	75 (3)
QKP	25 (5)	24 (5)	25 (5)	60 (5)	61 (5)	60 (5)	61 (5)	60 (5)	60 (5)
QKZ	14 (8)	14 (8)	16 (9)	40 (8)	39 (8)	40 (8)	39 (8)	40 (7)	40 (7)
TIB	8 (18)	8 (18)	7 (19)	18 (17)	18 (17)	21 (15)	22 (15)	13 (19)	13 (19)
FK	12 (11)	13 (9)	12 (12)	15 (21)	14 (21)	18 (19)	18 (19)	8 (27)	8 (27)
PKO	17 (7)	18 (7)	20 (7)	23 (14)	22 (14)	23 (14)	22 (14)	24 (14)	23 (14)
S	19 (6)	20 (6)	21 (6)	53 (6)	51 (6)	50 (6)	49 (6)	54 (6)	52 (6)
SP	8 (17)	8 (17)	9 (15)	3? (10)	31 (10)	30 (10)	29 (10)	35 (10)	33 (10)

Produkt: Weinbrand/Brandy/Cognac

	A	B	C	D	E	F	G	H	I
H	73 (3)	75 (3)	69 (4)	67 (4)	65 (4)	65 (4)	65 (4)	65 (4)	64 (5)
B	24 (17)	23 (17)	31 (15)	27 (12)	26 (12)	25 (10)	25 (11)	28 (13)	27 (14)
FW	35 (13)	35 (13)	27 (16)	28 (11)	28 (9)	26 (9)	27 (9)	30 (12)	30 (12)
FU	23 (18)	22 (18)	23 (18)	25 (14)	26 (11)	24 (11)	26 (10)	27 (14)	28 (13)
Q	12 (30)	12 (29)	15 (25)	18 (18)	18 (18)	19 (17)	18 (17)	17 (23)	17 (23)
G	15 (25)	14 (26)	17 (22)	17 (21)	16 (21)	16 (18)	16 (19)	17 (24)	17 (24)
FZ	15 (27)	14 (27)	14 (26)	14 (26)	15 (26)	14 (23)	14 (23)	16 (25)	16 (25)
PR	8 (32)	8 (32)	9 (31)	11 (27)	11 (27)	11 (27)	11 (27)	10 (29)	10 (29)
N	15 (26)	15 (25)	17 (21)	19 (17)	19 (17)	20 (15)	20 (16)	18 (21)	18 (21)
BF	12 (29)	11 (30)	16 (23)	16 (23)	15 (24)	16 (20)	16 (21)	15 (26)	15 (26)
HS	29 (15)	27 (15)	36 (10)	36 (8)	36 (8)	36 (8)	36 (8)	37 (7)	37 (7)
WO	7 (33)	6 (33)	7 (33)	9 (30)	9 (30)	9 (28)	9 (28)	8 (32)	8 (32)
NP	21 (19)	21 (19)	19 (20)	17 (22)	18 (19)	15 (21)	16 (20)	21 (18)	21 (18)
FP	17 (23)	16 (21)	19 (19)	15 (24)	16 (23)	12 (26)	13 (26)	20 (19)	20 (19)
NB	20 (20)	18 (20)	16 (24)	15 (25)	15 (25)	13 (25)	14 (24)	19 (20)	19 (20)
BR	69 (4)	64 (4)	55 (6)	28 (10)	26 (13)	21 (14)	22 (13)	34 (10)	34 (10)
AK	12 (28)	12 (28)	10 (30)	9 (28)	9 (28)	8 (29)	8 (29)	12 (27)	12 (27)
TI	42 (10)	40 (10)	35 (11)	20 (15)	20 (15)	16 (19)	17 (18)	26 (15)	26 (15)
FS	44 (9)	41 (9)	35 (12)	18 (19)	17 (20)	14 (22)	15 (22)	23 (16)	23 (16)
BE	16 (24)	16 (22)	13 (28)	8 (31)	8 (31)	6 (31)	7 (31)	10 (30)	10 (30)
FR	41 (11)	38 (11)	32 (14)	17 (20)	16 (22)	13 (24)	14 (25)	22 (17)	21 (17)
PE	17 (21)	15 (24)	13 (29)	8 (32)	7 (32)	6 (32)	6 (32)	10 (31)	10 (31)
CR	11 (31)	9 (31)	8 (32)	6 (33)	5 (33)	4 (33)	4 (33)	8 (33)	7 (33)
FI	28 (16)	27 (16)	23 (17)	9 (29)	9 (29)	7 (30)	7 (30)	11 (28)	11 (28)
TAN	100 (1)	100 (1)	94 (2)	91 (2)	91 (2)	89 (2)	90 (2)	92 (2)	91 (2)
QKV	99 (2)	95 (2)	100 (1)	100 (1)	100 (1)	100 (1)	100 (1)	100 (1)	100 (1)
BK	40 (12)	38 (12)	50 (8)	44 (6)	43 (6)	42 (6)	42 (6)	45 (6)	45 (6)
QKD	64 (6)	61 (6)	73 (3)	73 (3)	73 (3)	75 (3)	74 (3)	71 (3)	72 (3)
QKP	65 (5)	62 (5)	62 (5)	62 (5)	63 (5)	61 (5)	62 (5)	65 (5)	65 (4)
QKZ	30 (14)	30 (14)	33 (13)	38 (7)	37 (7)	39 (7)	38 (7)	35 (9)	35 (9)
TIB	60 (8)	57 (8)	50 (9)	28 (9)	28 (10)	23 (12)	24 (12)	36 (8)	36 (8)
FK	63 (7)	59 (7)	50 (7)	26 (13)	25 (14)	20 (16)	21 (14)	34 (11)	33 (11)
PKO	17 (22)	15 (23)	16 (23)	20 (16)	20 (16)	21 (13)	20 (15)	18 (22)	18 (22)

Produkt: löslicher Bohnenkaffee (Pulverkaffee)

	A	B	C	D	E	F	G	H	I
H	66 (3)	72 (3)	63 (4)	66 (4)	65 (4)	65 (4)	65 (4)	64 (4)	64 (5)
B	21 (19)	21 (19)	27 (15)	27 (11)	26 (12)	26 (9)	26 (10)	28 (13)	27 (14)
FW	37 (12)	37 (12)	27 (16)	27 (13)	28 (10)	25 (10)	27 (9)	29 (12)	30 (12)
FU	22 (17)	22 (17)	22 (17)	25 (14)	26 (13)	24 (11)	25 (11)	27 (14)	28 (13)
Q	10 (31)	11 (30)	13 (27)	19 (19)	18 (18)	19 (17)	18 (17)	17 (23)	17 (23)
G	16 (24)	14 (27)	16 (23)	17 (21)	16 (22)	17 (19)	16 (19)	17 (24)	17 (24)
FZ	15 (26)	14 (25)	14 (25)	14 (26)	15 (26)	14 (23)	14 (23)	16 (25)	16 (25)
PR	8 (32)	8 (32)	8 (31)	11 (27)	11 (27)	11 (27)	11 (27)	11 (29)	10 (29)
N	13 (28)	13 (28)	15 (24)	19 (17)	19 (17)	20 (16)	20 (16)	18 (21)	18 (21)
BF	12 (29)	11 (29)	13 (28)	16 (23)	15 (25)	15 (20)	16 (21)	15 (26)	15 (26)
HS	28 (14)	28 (14)	35 (10)	36 (8)	36 (8)	36 (8)	36 (8)	37 (7)	37 (7)
WO	7 (33)	7 (33)	7 (33)	9 (30)	9 (30)	9 (28)	9 (28)	8 (32)	8 (32)
NP	20 (20)	21 (18)	18 (20)	17 (22)	18 (20)	15 (21)	16 (20)	21 (18)	21 (18)
FP	16 (25)	17 (23)	19 (18)	16 (24)	16 (23)	13 (26)	14 (26)	20 (19)	20 (19)
NB	22 (18)	19 (20)	16 (22)	15 (25)	15 (24)	13 (25)	14 (25)	19 (20)	19 (20)
BR	64 (5)	62 (6)	50 (6)	28 (10)	27 (11)	22 (14)	23 (13)	35 (10)	34 (10)
AK	14 (27)	14 (26)	11 (30)	9 (28)	10 (28)	8 (29)	9 (29)	12 (27)	12 (27)
TI	40 (10)	40 (9)	34 (11)	21 (15)	21 (15)	17 (18)	18 (18)	26 (15)	26 (15)
FS	41 (9)	40 (10)	33 (12)	19 (18)	18 (19)	14 (22)	15 (22)	23 (16)	23 (16)
BE	16 (22)	17 (22)	14 (26)	8 (31)	8 (31)	7 (31)	7 (31)	10 (30)	10 (30)
FR	39 (11)	37 (11)	30 (13)	18 (20)	17 (21)	13 (24)	14 (24)	22 (17)	21 (17)
PE	16 (23)	15 (24)	12 (29)	8 (32)	8 (32)	6 (32)	6 (32)	10 (31)	10 (31)
CR	12 (30)	10 (31)	8 (32)	6 (33)	5 (33)	4 (33)	4 (33)	8 (33)	7 (33)
FI	24 (16)	23 (16)	19 (19)	9 (29)	9 (29)	7 (30)	8 (30)	11 (28)	11 (28)
TAN	91 (2)	96 (2)	86 (2)	91 (2)	90 (2)	89 (2)	90 (2)	91 (2)	91 (2)
QKV	100 (1)	100 (1)	100 (1)	100 (1)	100 (1)	100 (1)	100 (1)	100 (1)	100 (1)
BK	36 (13)	35 (13)	44 (9)	44 (6)	43 (6)	42 (6)	42 (6)	45 (6)	45 (6)
QKD	63 (6)	63 (5)	72 (3)	74 (3)	73 (3)	75 (3)	74 (3)	72 (3)	72 (3)
QKP	65 (4)	65 (4)	62 (5)	62 (5)	63 (5)	61 (5)	62 (5)	64 (5)	65 (4)
QKZ	27 (15)	28 (15)	29 (14)	38 (7)	37 (7)	39 (7)	38 (7)	36 (9)	35 (9)
TIB	57 (8)	58 (8)	48 (7)	29 (9)	29 (9)	24 (12)	25 (12)	37 (8)	36 (8)
FK	60 (7)	58 (7)	47 (8)	27 (12)	26 (14)	20 (15)	21 (14)	34 (11)	33 (11)
PKO	18 (21)	17 (21)	17 (21)	20 (16)	20 (16)	22 (13)	21 (15)	18 (22)	18 (22)

Produkt: Kartoffelknödel

5. Vorteilhaftigkeit einzelner Media bzw. Rabattkombinationen von Media je nach Beurteilungskriterium

Den nachstehenden Tabellen liegt das komplexeste Modell der Mediabeurteilung zugrunde, d.h. dasjenige Modell, das sowohl Konsumintensität als auch Haushaltsgröße sowie Entscheidungseinfluß der
einzelnen Personen und auch Seitenkontaktwahrscheinlichkeiten sowie Zuständigkeiten der verschiedenen Media berücksichtigt; die
Analyse baut somit auf Gewichtungsschema A (Abb. 13) auf. Die einzelnen Zielkriterien sind in Abbildung 14 definiert. Die Abkürzungen der Media sind in Teil III.3. erklärt. Die Media bzw. Rabattkombinationen von Media sind sowohl nach dem Index der Vorteilhaftigkeit (bestes Medium: 100 Punkte) als auch - in Klammern - nach
Rangwerten der Vorziehenswürdigkeit beurteilt.

Quelle: Eigene Berechnungen.

	K	T	A	K+T	K+A	T+A	K+T+A	K*T	K*A	T*A	K*T*A
H	52 (4)	30 (17)	20 (19)	45 (14)	40 (15)	28 (18)	40 (15)	49 (6)	53 (6)	26 (18)	52 (4)
B	17 (24)	21 (31)	15 (28)	24 (28)	21 (27)	20 (31)	23 (28)	14 (21)	17 (24)	18 (31)	10 (27)
FW	25 (16)	34 (15)	23 (16)	37 (18)	32 (19)	32 (16)	37 (18)	23 (14)	25 (20)	28 (16)	28 (12)
FU	19 (22)	27 (23)	17 (22)	29 (24)	24 (25)	25 (23)	28 (23)	18 (18)	19 (23)	23 (23)	17 (22)
Q	10 (29)	18 (33)	13 (32)	19 (33)	16 (33)	18 (33)	19 (33)	8 (32)	10 (30)	15 (33)	6 (32)
G	9 (31)	22 (29)	14 (31)	22 (31)	17 (31)	20 (30)	22 (31)	9 (31)	9 (31)	18 (29)	7 (31)
FZ	9 (32)	29 (20)	15 (29)	27 (26)	17 (30)	24 (24)	25 (27)	11 (27)	9 (32)	25 (19)	10 (26)
PR	10 (28)	35 (13)	23 (17)	32 (21)	25 (21)	32 (15)	33 (21)	10 (29)	10 (28)	30 (15)	9 (29)
N	14 (25)	24 (27)	18 (21)	25 (27)	22 (26)	23 (25)	26 (26)	12 (26)	14 (27)	20 (27)	9 (28)
BF	10 (30)	22 (28)	15 (26)	22 (30)	18 (29)	21 (28)	22 (29)	9 (30)	10 (29)	19 (28)	7 (30)
HS	19 (21)	19 (32)	13 (33)	23 (29)	20 (28)	18 (32)	22 (30)	18 (19)	20 (22)	17 (32)	13 (23)
WO	6 (33)	22 (30)	15 (27)	20 (32)	16 (32)	21 (29)	21 (32)	5 (33)	5 (33)	18 (30)	4 (33)
NP	14 (27)	26 (24)	21 (18)	27 (25)	25 (22)	27 (20)	29 (22)	11 (28)	14 (26)	22 (24)	11 (25)
FP	14 (26)	34 (14)	24 (15)	34 (19)	28 (20)	33 (14)	35 (20)	13 (22)	15 (25)	31 (14)	11 (24)
NB	26 (14)	57 (9)	39 (10)	57 (10)	47 (13)	54 (10)	58 (11)	24 (12)	27 (17)	50 (10)	27 (14)
BR	37 (10)	33 (16)	38 (12)	41 (17)	50 (11)	40 (12)	47 (13)	26 (11)	47 (10)	36 (12)	37 (10)
AK	26 (13)	85 (2)	76 (4)	79 (4)	81 (6)	90 (2)	93 (4)	20 (17)	30 (14)	82 (4)	26 (15)
TI	29 (11)	41 (12)	38 (11)	45 (13)	48 (12)	45 (11)	50 (12)	22 (15)	34 (11)	41 (11)	28 (11)
FS	44 (8)	69 (7)	71 (7)	74 (6)	84 (5)	79 (8)	86 (7)	34 (9)	57 (4)	75 (7)	49 (7)
BE	23 (19)	76 (5)	76 (3)	71 (7)	80 (7)	86 (3)	88 (6)	16 (20)	27 (18)	76 (6)	21 (17)
FR	44 (9)	77 (3)	74 (5)	80 (3)	86 (4)	85 (5)	92 (5)	36 (8)	56 (5)	84 (3)	51 (5)
PE	23 (18)	60 (8)	87 (2)	58 (9)	90 (3)	83 (7)	86 (8)	13 (24)	31 (13)	66 (8)	19 (20)
CR	18 (23)	77 (4)	100 (1)	70 (8)	100 (1)	100 (1)	100 (1)	13 (25)	27 (16)	100 (1)	22 (16)
FI	22 (20)	53 (10)	68 (8)	52 (11)	72 (8)	68 (9)	70 (9)	13 (23)	28 (15)	57 (9)	19 (21)
TAN	100 (1)	43 (11)	26 (13)	74 (5)	66 (10)	39 (13)	62 (10)	100 (1)	100 (1)	36 (13)	100 (1)
QKV	69 (2)	30 (18)	17 (23)	51 (12)	44 (14)	26 (21)	42 (14)	75 (2)	70 (3)	25 (20)	67 (3)
BK	26 (15)	25 (26)	14 (30)	30 (22)	24 (24)	22 (27)	27 (25)	27 (10)	25 (19)	21 (25)	19 (19)
QKD	52 (5)	29 (21)	17 (24)	44 (15)	37 (17)	25 (22)	37 (17)	54 (4)	51 (7)	24 (22)	41 (9)
QKP	49 (6)	29 (19)	19 (20)	43 (16)	38 (16)	27 (19)	38 (16)	46 (7)	49 (8)	25 (21)	43 (8)
QKZ	24 (17)	25 (25)	16 (25)	30 (23)	25 (23)	23 (26)	28 (24)	23 (13)	24 (21)	21 (26)	19 (18)
TIB	27 (12)	28 (22)	25 (14)	34 (20)	35 (18)	30 (17)	36 (19)	21 (16)	32 (12)	27 (17)	27 (13)
FK	67 (3)	75 (6)	74 (6)	87 (2)	96 (2)	84 (6)	97 (2)	54 (5)	86 (2)	81 (5)	76 (2)
PKO	47 (7)	100 (1)	54 (9)	100 (1)	69 (9)	86 (4)	94 (3)	55 (3)	48 (9)	87 (2)	51 (6)

Produkt: Zahnpasta/-creme

	K	T	A	K+T	K+A	T+A	K+T+A	K*T	K*A	T*A	K*T*A
H	30 (3)	40 (6)	42 (14)	34 (4)	35 (4)	41 (8)	37 (4)	29 (4)	31 (4)	41 (7)	30 (3)
B	8 (16)	24 (24)	29 (27)	16 (21)	18 (27)	26 (27)	20 (26)	7 (14)	8 (14)	23 (23)	4 (16)
FW	13 (9)	40 (5)	45 (11)	26 (8)	28 (12)	43 (6)	32 (9)	12 (10)	13 (9)	42 (6)	15 (8)
FU	9 (13)	29 (19)	32 (23)	19 (18)	19 (21)	31 (22)	23 (18)	8 (12)	9 (13)	28 (15)	7 (13)
Q	5 (25)	21 (29)	25 (33)	13 (30)	14 (34)	23 (33)	17 (34)	4 (21)	5 (21)	22 (24)	3 (22)
G	5 (29)	26 (22)	27 (31)	15 (24)	15 (33)	26 (28)	18 (31)	5 (19)	5 (26)	26 (19)	4 (19)
FZ	4 (30)	34 (12)	29 (26)	19 (17)	15 (31)	32 (20)	22 (22)	5 (17)	4 (28)	31 (12)	4 (17)
PR	5 (26)	39 (7)	43 (13)	21 (11)	22 (18)	41 (9)	28 (13)	5 (16)	5 (20)	43 (4)	5 (15)
N	7 (22)	26 (21)	31 (24)	16 (23)	18 (26)	28 (23)	20 (23)	6 (15)	7 (16)	29 (14)	5 (14)
BF	5 (27)	25 (23)	28 (29)	15 (25)	15 (32)	27 (26)	19 (29)	5 (20)	5 (22)	27 (18)	4 (20)
HS	10 (12)	23 (26)	25 (34)	16 (22)	17 (29)	24 (32)	19 (30)	9 (11)	10 (12)	24 (22)	7 (12)
WO	4 (32)	33 (15)	38 (17)	18 (20)	19 (24)	35 (16)	24 (17)	4 (23)	4 (27)	38 (9)	4 (18)
NP	5 (24)	23 (25)	29 (28)	14 (28)	16 (30)	26 (30)	18 (32)	3 (29)	4 (30)	17 (28)	3 (28)
FP	4 (33)	21 (30)	24 (35)	12 (33)	13 (35)	22 (35)	16 (35)	2 (31)	3 (33)	14 (31)	1 (32)
NB	7 (21)	34 (13)	41 (16)	20 (16)	22 (17)	37 (13)	26 (16)	4 (22)	5 (24)	26 (20)	3 (23)
BR	9 (14)	19 (34)	34 (20)	14 (29)	20 (20)	26 (29)	20 (27)	3 (26)	6 (17)	13 (33)	3 (27)
AK	6 (23)	43 (4)	64 (3)	23 (10)	32 (6)	53 (4)	35 (5)	3 (30)	4 (29)	30 (13)	2 (30)
TI	7 (20)	23 (27)	34 (21)	14 (26)	19 (22)	28 (24)	20 (25)	3 (27)	5 (25)	16 (29)	3 (26)
FS	9 (15)	32 (16)	53 (6)	20 (15)	29 (11)	42 (7)	30 (11)	4 (24)	6 (18)	22 (25)	3 (25)
BE	5 (28)	37 (9)	60 (5)	20 (14)	29 (9)	48 (5)	32 (8)	2 (32)	3 (31)	25 (21)	1 (31)
FR	7 (19)	31 (18)	47 (9)	19 (19)	25 (13)	39 (11)	27 (14)	3 (28)	5 (23)	20 (26)	2 (29)
PE	3 (34)	21 (32)	48 (8)	12 (34)	23 (14)	33 (18)	22 (19)	1 (34)	2 (34)	11 (34)	0 (34)
CR	2 (35)	19 (33)	44 (12)	10 (35)	21 (19)	31 (21)	20 (24)	0 (35)	1 (35)	10 (35)	0 (35)
FI	4 (31)	21 (28)	46 (10)	12 (32)	23 (16)	33 (19)	22 (21)	1 (33)	3 (32)	16 (30)	1 (33)
TAN	100 (1)	100 (1)	100 (1)	100 (1)	100 (1)	100 (1)	100 (1)	100 (1)	100 (1)	100 (1)	100 (1)
QKV	68 (2)	68 (3)	63 (4)	68 (2)	66 (2)	66 (3)	67 (2)	78 (2)	72 (2)	72 (3)	73 (2)
BK	13 (10)	29 (20)	27 (32)	20 (13)	19 (23)	28 (25)	22 (20)	13 (9)	12 (10)	28 (17)	9 (11)
QKD	29 (4)	38 (8)	36 (19)	34 (5)	32 (5)	37 (14)	34 (6)	33 (3)	31 (3)	40 (8)	27 (4)
QKP	25 (5)	35 (10)	38 (18)	30 (6)	31 (7)	36 (15)	32 (7)	24 (5)	25 (5)	37 (10)	24 (5)
QKZ	14 (8)	34 (14)	34 (22)	23 (9)	23 (15)	34 (17)	27 (15)	15 (8)	15 (8)	36 (11)	13 (9)
TIB	8 (18)	18 (35)	28 (30)	13 (31)	17 (28)	23 (34)	17 (33)	4 (25)	6 (19)	13 (32)	3 (24)
FK	12 (11)	31 (17)	50 (7)	21 (12)	29 (10)	40 (10)	30 (12)	5 (18)	8 (15)	20 (27)	3 (21)
PKO	17 (7)	85 (2)	78 (2)	50 (3)	45 (3)	82 (2)	58 (3)	20 (6)	19 (7)	93 (2)	20 (7)
S	19 (6)	35 (11)	42 (15)	26 (7)	29 (8)	38 (12)	31 (10)	19 (7)	23 (6)	42 (5)	22 (6)
SP	8 (17)	21 (31)	31 (25)	14 (27)	18 (25)	26 (31)	19 (28)	8 (13)	11 (11)	28 (16)	9 (10)

Produkt: Weinbrand/Cognac/Brandy

	K	T	A	K+T	K+A	T+A	K+T+A	K*T	K*A	T*A	K*T*A
H	73 (3)	57 (16)	32 (16)	77 (10)	59 (13)	44 (16)	60 (13)	61 (4)	71 (5)	45 (18)	68 (3)
B	24 (17)	41 (27)	24 (23)	41 (28)	32 (24)	32 (26)	36 (27)	19 (16)	24 (17)	33 (27)	15 (22)
FW	35 (13)	64 (10)	37 (12)	63 (13)	48 (16)	50 (11)	56 (14)	30 (12)	36 (13)	52 (12)	41 (11)
FU	23 (18)	45 (25)	24 (24)	43 (25)	31 (25)	34 (25)	37 (24)	19 (17)	22 (18)	34 (26)	19 (18)
Q	12 (30)	30 (33)	18 (33)	27 (33)	21 (32)	24 (33)	25 (33)	9 (28)	12 (31)	24 (33)	8 (31)
G	15 (25)	47 (24)	25 (22)	41 (27)	29 (27)	36 (22)	37 (25)	14 (22)	16 (25)	42 (22)	14 (24)
FZ	15 (27)	66 (9)	28 (19)	54 (16)	31 (26)	45 (15)	45 (21)	17 (19)	15 (27)	53 (11)	17 (21)
PR	8 (32)	40 (28)	22 (29)	32 (30)	23 (31)	30 (29)	30 (30)	7 (31)	8 (32)	31 (30)	7 (32)
N	15 (26)	34 (32)	21 (31)	32 (31)	25 (29)	27 (31)	29 (31)	11 (25)	14 (28)	26 (32)	10 (29)
BF	12 (29)	37 (30)	21 (30)	33 (29)	24 (30)	29 (30)	30 (29)	11 (26)	13 (30)	32 (29)	10 (30)
HS	29 (15)	39 (29)	22 (27)	42 (26)	32 (23)	30 (28)	36 (28)	25 (15)	29 (16)	32 (28)	20 (16)
WO	7 (33)	35 (31)	20 (32)	28 (32)	21 (33)	27 (32)	27 (32)	5 (33)	6 (33)	27 (31)	5 (33)
NP	21 (19)	55 (18)	36 (14)	50 (20)	41 (18)	45 (14)	47 (18)	15 (21)	21 (20)	44 (19)	18 (19)
FP	17 (23)	56 (17)	32 (15)	48 (21)	35 (21)	43 (18)	44 (22)	14 (24)	17 (23)	46 (16)	13 (26)
NB	20 (20)	60 (13)	36 (13)	53 (17)	41 (19)	48 (13)	49 (17)	16 (20)	20 (21)	49 (13)	19 (17)
BR	69 (4)	85 (5)	80 (2)	94 (2)	100 (2)	84 (5)	96 (3)	41 (7)	82 (3)	82 (5)	61 (5)
AK	12 (28)	54 (19)	41 (11)	45 (23)	41 (17)	48 (12)	47 (19)	8 (30)	13 (29)	48 (14)	11 (28)
TI	42 (10)	81 (7)	62 (9)	79 (9)	73 (7)	72 (7)	78 (7)	28 (13)	46 (11)	71 (8)	36 (12)
FS	44 (9)	94 (3)	80 (3)	89 (7)	89 (4)	88 (4)	93 (5)	30 (11)	54 (9)	92 (3)	46 (10)
BE	16 (24)	75 (8)	62 (10)	62 (14)	62 (12)	70 (8)	69 (9)	10 (27)	18 (22)	67 (9)	14 (23)
FR	41 (11)	100 (1)	79 (4)	92 (3)	88 (5)	91 (2)	95 (4)	31 (10)	52 (10)	100 (1)	48 (9)
PE	17 (21)	61 (12)	73 (6)	52 (18)	71 (8)	70 (9)	69 (8)	9 (29)	22 (19)	61 (10)	13 (25)
CR	11 (31)	64 (11)	68 (7)	51 (19)	65 (11)	68 (10)	66 (11)	7 (32)	15 (26)	73 (6)	12 (27)
FI	28 (16)	94 (4)	100 (1)	81 (8)	100 (1)	100 (1)	100 (1)	14 (23)	32 (14)	86 (4)	20 (15)
TAN	100 (1)	59 (14)	30 (17)	90 (4)	69 (9)	43 (17)	67 (10)	88 (2)	95 (2)	45 (17)	93 (2)
QKV	99 (2)	58 (15)	28 (20)	90 (5)	67 (10)	42 (19)	65 (12)	100 (1)	100 (1)	47 (15)	100 (1)
BK	40 (12)	53 (20)	25 (21)	57 (15)	39 (20)	38 (21)	46 (20)	40 (9)	41 (12)	44 (20)	33 (13)
QKD	64 (6)	48 (23)	23 (25)	66 (12)	48 (15)	35 (23)	49 (16)	62 (3)	63 (8)	38 (24)	52 (8)
QKP	65 (5)	53 (21)	29 (18)	69 (11)	53 (14)	40 (20)	54 (15)	57 (5)	66 (7)	43 (21)	59 (6)
QKZ	30 (14)	43 (26)	22 (26)	46 (22)	33 (22)	32 (27)	38 (23)	27 (14)	30 (15)	34 (25)	25 (14)
TIB	60 (8)	83 (6)	63 (8)	89 (6)	82 (6)	74 (6)	84 (6)	41 (8)	66 (6)	73 (7)	54 (7)
FK	63 (7)	96 (2)	79 (5)	100 (1)	97 (3)	89 (3)	99 (2)	45 (6)	77 (4)	94 (2)	67 (4)
PKO	17 (22)	49 (22)	22 (28)	44 (24)	27 (28)	34 (24)	36 (26)	18 (18)	17 (24)	39 (23)	17 (20)

Produkt: löslicher Bohnenkaffee (Pulverkaffee)

	K	T	A	K+T	K+A	T+A	K+T+A	K*T	K*A	T*A	K*T*A
H	66 (3)	54 (21)	33 (17)	73 (10)	58 (14)	46 (20)	58 (15)	53 (5)	61 (8)	39 (23)	57 (6)
B	21 (19)	37 (31)	25 (29)	38 (28)	30 (28)	33 (31)	34 (28)	16 (20)	21 (19)	28 (31)	13 (27)
FW	37 (12)	70 (11)	45 (12)	70 (12)	53 (15)	60 (12)	62 (13)	31 (10)	37 (12)	54 (12)	42 (11)
FU	22 (17)	45 (25)	27 (23)	44 (25)	32 (25)	38 (25)	39 (25)	18 (18)	21 (18)	33 (26)	18 (20)
Q	10 (31)	28 (33)	19 (33)	25 (33)	20 (33)	24 (33)	24 (33)	8 (31)	10 (31)	21 (33)	6 (32)
G	16 (24)	54 (22)	32 (20)	47 (24)	33 (23)	45 (21)	43 (23)	17 (19)	20 (22)	50 (15)	18 (19)
FZ	15 (26)	69 (12)	33 (19)	57 (17)	33 (24)	53 (14)	49 (19)	16 (21)	15 (28)	53 (14)	16 (21)
PR	8 (32)	40 (28)	25 (30)	33 (31)	23 (32)	34 (29)	31 (31)	7 (32)	8 (32)	32 (27)	7 (31)
N	13 (28)	32 (32)	22 (32)	30 (32)	24 (31)	29 (32)	28 (32)	10 (26)	13 (30)	25 (32)	9 (30)
BF	12 (29)	40 (29)	26 (27)	36 (29)	26 (29)	35 (27)	33 (29)	12 (25)	14 (29)	35 (25)	11 (29)
HS	28 (14)	41 (27)	26 (28)	44 (26)	34 (22)	35 (28)	38 (26)	24 (15)	29 (14)	32 (28)	19 (16)
WO	7 (33)	41 (26)	27 (25)	34 (30)	25 (30)	36 (26)	33 (30)	6 (33)	7 (33)	31 (29)	6 (33)
NP	20 (20)	55 (18)	41 (14)	50 (21)	42 (19)	51 (15)	49 (20)	14 (22)	20 (21)	42 (20)	16 (22)
FP	16 (25)	55 (20)	36 (15)	48 (23)	35 (21)	48 (17)	45 (21)	13 (23)	16 (26)	43 (17)	12 (28)
NB	22 (18)	71 (10)	42 (13)	63 (15)	44 (18)	59 (13)	57 (17)	20 (16)	22 (17)	54 (13)	23 (14)
BR	64 (5)	83 (6)	88 (5)	93 (3)	91 (5)	91 (5)	96 (3)	39 (7)	79 (3)	79 (5)	60 (4)
AK	14 (27)	64 (13)	55 (11)	54 (19)	49 (17)	63 (11)	57 (16)	10 (28)	15 (27)	55 (11)	13 (25)
TI	40 (10)	81 (7)	70 (10)	79 (8)	74 (8)	80 (8)	79 (7)	27 (13)	44 (11)	69 (8)	36 (12)
FS	41 (9)	93 (3)	89 (3)	89 (6)	89 (4)	96 (4)	94 (4)	29 (12)	52 (9)	90 (3)	45 (10)
BE	16 (22)	78 (8)	72 (8)	64 (14)	64 (12)	79 (9)	72 (9)	10 (27)	17 (25)	65 (9)	13 (24)
FR	39 (11)	100 (1)	89 (2)	93 (4)	89 (5)	100 (1)	96 (2)	31 (11)	51 (10)	100 (1)	49 (9)
PE	16 (23)	59 (15)	79 (7)	51 (20)	69 (11)	74 (10)	67 (11)	8 (30)	20 (20)	58 (10)	13 (26)
CR	12 (30)	73 (9)	87 (6)	59 (16)	73 (9)	85 (6)	75 (8)	8 (29)	18 (23)	88 (4)	16 (23)
FI	24 (16)	83 (4)	100 (1)	73 (11)	89 (3)	98 (2)	89 (5)	13 (24)	29 (15)	77 (6)	19 (18)
TAN	91 (2)	56 (16)	32 (21)	87 (7)	70 (10)	46 (19)	66 (12)	78 (2)	83 (2)	40 (22)	80 (2)
QKV	100 (1)	62 (14)	33 (18)	96 (2)	75 (7)	49 (16)	71 (10)	100 (1)	100 (1)	47 (16)	100 (1)
BK	36 (13)	50 (24)	27 (26)	54 (18)	39 (20)	40 (24)	45 (22)	36 (9)	37 (13)	40 (21)	30 (13)
QKD	63 (6)	50 (23)	27 (24)	68 (13)	52 (16)	40 (23)	53 (18)	60 (3)	61 (7)	38 (24)	51 (8)
QKP	65 (4)	56 (17)	34 (16)	73 (9)	59 (13)	47 (18)	59 (14)	56 (4)	65 (5)	43 (18)	59 (5)
QKZ	27 (15)	40 (30)	23 (31)	43 (27)	32 (26)	33 (30)	36 (27)	24 (14)	27 (16)	31 (30)	23 (15)
TIB	57 (8)	83 (5)	72 (9)	89 (5)	84 (6)	82 (7)	86 (6)	39 (8)	63 (6)	71 (7)	52 (7)
FK	60 (7)	96 (2)	88 (4)	100 (1)	98 (2)	97 (3)	100 (1)	43 (6)	75 (4)	92 (2)	67 (3)
PKO	18 (21)	55 (19)	28 (22)	49 (22)	30 (27)	43 (22)	42 (24)	19 (17)	19 (24)	43 (19)	19 (17)

Produkt: Kartoffelknödel

6. Korrelation der Rangreihen für alle Kriterien und für ausgewählte Gewichtungsschemata

Die nachstehenden Tabellen geben die Korrelationskoeffizienten für Rangplätze der Vorteilhaftigkeit einzelner Media bzw. Rabattkombinationen von Media gesondert für die untersuchten Produktbereiche wieder. Die Zielkriterien (Abb. 14) sind dabei in den Vorspalten bzw. Kopfzeilen der einzelnen Matrizen angegeben. Im linken oberen Feld der Matrizen sind die unterstellten Gewichtungsschemata der Mediabeurteilung (Abb. 13) genannt. Um den inhaltlich bedeutungsvolleren Verschiebungen in den vorderen Rangplätzen eine höhere Bedeutung zuzumessen, wurde ein gewichteter Rangkorrelationskoeffizient als Maßgröße verwendet; er ist in Teil III.8 näher erläutert.

Quelle: Eigene Berechnungen.

Legende:

A A	K	T	A	K+T
K	1.0000	0.1223	-0.0853	0.4824
T	0.1223	1.0000	0.8579	0.9035*
A	-0.0853	0.8579	1.0000	0.7257

*Korrelationskoeffizient zwischen der Rangreihe der Vorteilhaftigkeit aller Media, errechnet auf der Grundlage von Modell A sowie dem Kriterium Reichweiten-Index + Tausender-Preis-Index, und der Rangreihe der Vorteilhaftigkeit aller Media, errechnet auf der Grundlage von Modell A und dem Kriterium Tausender-Preis.

$_A$A	K	T	A	K+T	K+A	T+A	K+T+A	K*T	K*A	T*A	K*T*A
K	1.0000	0.1223	-0.0853	0.4824	0.2384	-0.0217	0.2789	0.9418	0.9395	0.0749	0.9560
T	0.1223	1.0000	0.8579	0.9035	0.8304	0.9570	0.9283	0.1442	0.2606	0.9706	0.2916
A	-0.0853	0.8579	1.0000	0.7257	0.9217	0.9467	0.8776	-0.1262	0.1195	0.9017	0.0860
K+T	0.4824	0.9035	0.7257	1.0000	0.8296	0.8210	0.9192	0.4629	0.6060	0.8606	0.5956
K+A	0.2384	0.8304	0.9217	0.8296	1.0000	0.8812	0.9395	0.1393	0.4558	0.8853	0.3637
T+A	-0.0217	0.9570	0.9467	0.8210	0.8812	1.0000	0.9395	-0.0039	0.1574	0.9744	0.1753
+KTA	0.2789	0.9283	0.8776	0.9192	0.9395	0.9395	1.0000	0.2300	0.4324	0.9534	0.4089
K*T	0.9418	0.1442	-0.1262	0.4629	0.1393	-0.0039	0.2300	1.0000	0.8439	0.0810	0.9013
K*A	0.9395	0.2606	0.1195	0.6060	0.4558	0.1574	0.4324	0.8439	1.0000	0.2448	0.9503
T*A	0.0749	0.9706	0.9017	0.8606	0.8853	0.9744	0.9534	0.0810	0.2448	1.0000	0.2601
*KTA	0.9560	0.2916	0.0860	0.5956	0.3637	0.1753	0.4089	0.9013	0.9503	0.2601	1.0000

$_D$D	K	T	A	K+T	K+A	T+A	K+T+A	K*T	K*A	T*A	K*T*A
K	1.0000	0.3584	-0.4729	0.8353	0.8791	0.1612	0.8632	0.9629	0.9898	0.2067	0.9889
T	0.3584	1.0000	-0.6769	0.7314	0.1920	0.7493	0.6280	0.4933	0.3294	0.9035	0.4079
A	-0.4729	-0.6769	1.0000	-0.7183	-0.0696	-0.1415	-0.4654	-0.6065	-0.4005	-0.2684	-0.4573
K+T	0.8353	0.7314	-0.7183	1.0000	0.6732	0.4329	0.9168	0.9236	0.8086	0.5094	0.3633
K+A	0.3791	0.1920	-0.0696	0.6732	1.0000	0.2167	0.8144	0.7854	0.9128	0.2108	0.8870
T+A	0.1612	0.7493	-0.1415	0.4329	0.2167	1.0000	0.5293	0.2101	0.1740	0.9790	0.2200
+KTA	0.8632	0.6280	-0.4654	0.9168	0.8144	0.5293	1.0000	0.8695	0.8726	0.5577	0.9014
K*T	0.9629	0.4938	-0.6065	0.9236	0.7854	0.2101	0.8695	1.0000	0.9382	0.2816	0.9661
K*A	0.9898	0.3294	-0.4005	0.8086	0.9128	0.1740	0.8726	0.9382	1.0000	0.1926	0.9851
T*A	0.2067	0.9035	-0.2684	0.5094	0.2108	0.9790	0.5577	0.2816	0.1926	1.0000	0.2739
*KTA	0.9889	0.4079	-0.4573	0.3633	0.8870	0.2200	0.9014	0.9661	0.9851	0.2739	1.0000

$_I$I	K	T	A	K+T	K+A	T+A	K+T+A	K*T	K*A	T*A	K*T*A
K	1.0000	0.1729	-0.4393	0.8498	0.7849	-0.3678	0.7329	0.9834	0.9451	-0.3200	0.9358
T	0.1729	1.0000	-0.3311	0.5764	0.0869	0.2811	0.4683	0.2741	0.1181	0.3503	0.2754
A	-0.4393	-0.3311	1.0000	-0.4979	0.0374	0.6393	-0.1294	-0.4590	-0.2577	0.5560	-0.2843
K+T	0.8498	0.5764	-0.4979	1.0000	0.6740	-0.1280	0.8492	0.9105	0.7930	-0.0776	0.8741
K+A	0.7849	0.0869	0.0374	0.6740	1.0000	-0.0259	0.8546	0.7586	0.9099	-0.0038	0.8817
T+A	-0.3678	0.2811	0.6393	-0.1280	-0.0259	1.0000	0.1716	-0.3014	-0.2012	0.9836	-0.1512
+KTA	0.7329	0.4683	-0.1294	0.8492	0.8546	0.1716	1.0000	0.7744	0.8274	0.2161	0.8904
K*T	0.9834	0.2741	-0.4590	0.9105	0.7586	-0.3014	0.7744	1.0000	0.9245	-0.2513	0.9446
K*A	0.9451	0.1181	-0.2577	0.7930	0.9099	-0.2012	0.8274	0.9245	1.0000	-0.1528	0.9671
T*A	-0.3200	0.3503	0.5560	-0.0776	-0.0038	0.9836	0.2161	-0.2513	-0.1528	1.0000	-0.0998
*KTA	0.9358	0.2754	-0.2843	0.8741	0.8817	-0.1512	0.8904	0.9446	0.9671	-0.0998	1.0000

Produkt: Zahnpasta/-creme

A\A	K	T	A	K+T	K+A	T+A	K+T+A	K*T	K*A	T*A	K*T*A
K	1.0000	0.5908	0.2601	0.8418	0.7340	0.4528	0.7136	0.9219	0.9677	0.6368	0.8991
T	0.5908	1.0000	0.6432	0.8909	0.8248	0.8792	0.9158	0.6044	0.5683	0.8333	0.6183
A	0.2601	0.6432	1.0000	0.5272	0.7375	0.8786	0.7184	0.1599	0.1936	0.3939	0.1560
K+T	0.8418	0.8909	0.5272	1.0000	0.8925	0.7465	0.9258	0.8270	0.8126	0.8317	0.8149
K+A	0.7340	0.8248	0.7375	0.8925	1.0000	0.8309	0.9659	0.6670	0.6805	0.6549	0.6525
T+A	0.4528	0.8792	0.8786	0.7465	0.8309	1.0000	0.8922	0.3879	0.3954	0.6281	0.3987
+KTA	0.7136	0.9158	0.7184	0.9258	0.9659	0.8922	1.0000	0.6708	0.6692	0.7235	0.6676
K*T	0.9219	0.6044	0.1599	0.8270	0.6670	0.3879	0.6708	1.0000	0.9699	0.7511	0.9841
K*A	0.9677	0.5683	0.1936	0.8126	0.6805	0.3954	0.6692	0.9699	1.0000	0.6937	0.9595
T*A	0.6368	0.8333	0.3939	0.8317	0.6549	0.6281	0.7235	0.7511	0.6937	1.0000	0.7919
*KTA	0.8991	0.6183	0.1560	0.8149	0.6525	0.3987	0.6676	0.9841	0.9595	0.7919	1.0000

D\D	K	T	A	K+T	K+A	T+A	K+T+A	K*T	K*A	T*A	K*T*A
K	1.0000	0.5478	0.2279	0.9213	0.9520	0.4618	0.3979	0.9808	0.9869	0.4609	0.9746
T	0.5478	1.0000	0.4277	0.7613	0.6396	0.8239	0.7425	0.6470	0.5942	0.3226	0.6546
A	0.2279	0.4277	1.0000	0.3193	0.4249	0.7739	0.4751	0.3041	0.3232	0.7831	0.3474
K+T	0.9213	0.7613	0.3193	1.0000	0.9473	0.6306	0.9692	0.9694	0.9367	0.6459	0.9699
K+A	0.9520	0.6396	0.4249	0.9473	1.0000	0.6201	0.9739	0.9717	0.9779	0.6176	0.9805
T+A	0.4618	0.8239	0.7739	0.6306	0.6201	1.0000	0.7117	0.5657	0.5564	0.9975	0.5986
+KTA	0.3979	0.7425	0.4751	0.9692	0.9739	0.7117	1.0000	0.9460	0.9359	0.7097	0.9603
K*T	0.9808	0.6470	0.3041	0.9694	0.9717	0.5657	0.9460	1.0000	0.9869	0.5620	0.9961
K*A	0.9869	0.5942	0.3232	0.9367	0.9779	0.5564	0.9359	0.9869	1.0000	0.5556	0.9886
T*A	0.4609	0.8226	0.7831	0.6459	0.6176	0.9975	0.7097	0.5620	0.5556	1.0000	0.5957
*KTA	0.9746	0.6546	0.3474	0.9699	0.9805	0.5986	0.9603	0.9961	0.9886	0.5957	1.0000

I\I	K	T	A	K+T	K+A	T+A	K+T+A	K*T	K*A	T*A	K*T*A
K	1.0000	0.5775	0.3194	0.9460	0.9473	0.4674	0.9030	0.9895	0.9828	0.4786	0.9759
T	0.5775	1.0000	0.5493	0.7376	0.6547	0.8204	0.7487	0.6375	0.6304	0.2289	0.6607
A	0.3194	0.5493	1.0000	0.4194	0.5248	0.3764	0.5852	0.3787	0.4321	0.3714	0.4527
K+T	0.9460	0.7376	0.4194	1.0000	0.9586	0.6105	0.9524	0.9750	0.9673	0.6225	0.9780
K+A	0.9473	0.6547	0.5248	0.9586	1.0000	0.6432	0.9823	0.9699	0.9829	0.6480	0.9850
T+A	0.4674	0.8204	0.3764	0.6105	0.6432	1.0000	0.7397	0.5396	0.5829	0.9972	0.6039
+KTA	0.9030	0.7487	0.5852	0.9524	0.9823	0.7397	1.0000	0.9387	0.9550	0.7468	0.9635
K*T	0.9895	0.6375	0.3787	0.9750	0.9699	0.5396	0.9387	1.0000	0.9930	0.5493	0.9931
K*A	0.9828	0.6304	0.4321	0.9673	0.9829	0.5829	0.9550	0.9930	1.0000	0.5911	0.9960
T*A	0.4786	0.8289	0.8714	0.6225	0.6480	0.9972	0.7468	0.5493	0.5911	1.0000	0.6131
*KTA	0.9759	0.6607	0.4527	0.9780	0.9850	0.6039	0.9635	0.9931	0.9960	0.6131	1.0000

Produkt: Weinbrand/Brandy/Cognac

$_A^A$	K	T	A	K+T	K+A	T+A	K+T+A	K*T	K*A	T*A	K*T*A
K	1.0000	0.1910	0.0960	0.7366	0.4542	0.1165	0.3801	0.9584	0.9734	0.1107	0.9726
T	0.1910	1.0000	0.8707	0.7410	0.3458	0.9477	0.8975	0.1089	0.3113	0.9701	0.2726
A	0.0960	0.8707	1.0000	0.5848	0.8862	0.9597	0.9021	-0.0468	0.2048	0.9207	0.1319
K+T	0.7366	0.7410	0.5848	1.0000	0.8260	0.6486	0.8175	0.6648	0.8321	0.6700	0.3003
K+A	0.4542	0.3458	0.8862	0.8260	1.0000	0.8849	0.9852	0.3279	0.5596	0.3436	0.4382
T+A	0.1165	0.9477	0.9597	0.6486	0.3849	1.0000	0.9264	-0.0006	0.2345	0.9587	0.1799
+KTA	0.3801	0.8975	0.9021	0.3175	0.9852	0.9264	1.0000	0.2642	0.4914	0.3877	0.4308
K*T	0.9584	0.1089	-0.0468	0.6648	0.3279	-0.0006	0.2642	1.0000	0.9278	0.0232	0.9471
K*A	0.9734	0.3113	0.2048	0.8321	0.5596	0.2345	0.4914	0.9278	1.0000	0.2389	0.9785
T*A	0.1107	0.9701	0.9207	0.6700	0.3436	0.9587	0.3877	0.0232	0.2389	1.0000	0.1395
*KTA	0.9726	0.2726	0.1319	0.8003	0.4882	0.1799	0.4308	0.9471	0.9785	0.1595	1.0000

$_D^D$	K	T	A	K+T	K+A	T+A	K+T+A	K*T	K*A	T*A	K*T*A
K	1.0000	0.4004	-0.4935	0.3202	0.9182	0.3095	0.8557	0.9583	0.9683	0.3196	0.9712
T	0.4004	1.0000	-0.7103	0.7651	0.3133	0.9205	0.7140	0.5440	0.3703	0.9480	0.4997
A	-0.4935	-0.7103	1.0000	-0.7512	-0.1746	-0.4876	-0.5904	-0.6288	-0.4218	-0.5745	-0.5532
K+T	0.8202	0.7651	-0.7512	1.0000	0.7227	0.6436	0.9518	0.9190	0.7949	0.6795	0.8372
K+A	0.9182	0.3133	-0.1746	0.7227	1.0000	0.2847	0.3089	0.8383	0.9501	0.2712	0.8327
T+A	0.3095	0.9205	-0.4876	0.6436	0.2847	1.0000	0.6722	0.4257	0.2986	0.9907	0.4079
+KTA	0.8557	0.7140	-0.5904	0.9518	0.8089	0.6722	1.0000	0.9165	0.8593	0.6839	0.9172
K*T	0.9583	0.5440	-0.6288	0.9190	0.3383	0.4257	0.9165	1.0000	0.9382	0.4531	0.9885
K*A	0.9683	0.3703	-0.4218	0.7949	0.9501	0.2986	0.3593	0.9382	1.0000	0.3015	0.9648
T*A	0.3196	0.9480	-0.5745	0.6795	0.2712	0.9907	0.6839	0.4531	0.3015	1.0000	0.4280
*KTA	0.9712	0.4997	-0.5532	0.8372	0.8827	0.4079	0.9172	0.9885	0.9648	0.4280	1.0000

$_I^I$	K	T	A	K+T	K+A	T+A	K+T+A	K*T	K*A	T*A	K*T*A
K	1.0000	0.1729	-0.4393	0.3498	0.7849	-0.3678	0.7329	0.9834	0.9451	-0.3200	0.9358
T	0.1729	1.0000	-0.3311	0.5764	0.0869	0.2811	0.4683	0.2741	0.1181	0.3503	0.2754
A	-0.4393	-0.3311	1.0000	-0.4979	0.0374	0.6393	-0.1294	-0.4590	-0.2577	0.5560	-0.2843
K+T	0.8498	0.5764	-0.4979	1.0000	0.6740	-0.1280	0.8492	0.9105	0.7930	-0.0776	0.8741
K+A	0.7849	0.0869	0.0374	0.6740	1.0000	-0.0259	0.8546	0.7586	0.9099	-0.0038	0.3817
T+A	-0.3678	0.2811	0.6393	-0.1280	-0.0259	1.0000	0.1716	-0.3014	-0.2012	0.9836	-0.1512
+KTA	0.7329	0.4683	-0.1294	0.8492	0.8546	0.1716	1.0000	0.7744	0.8274	0.2161	0.8904
K*T	0.9834	0.2741	-0.4590	0.9105	0.7586	-0.3014	0.7744	1.0000	0.9245	-0.2513	0.9446
K*A	0.9451	0.1181	-0.2577	0.7930	0.9099	-0.2012	0.8274	0.9245	1.0000	-0.1528	0.9671
T*A	-0.3200	0.3503	0.5560	-0.0776	-0.0038	0.9836	0.2161	-0.2513	-0.1528	1.0000	-0.0998
*KTA	0.9358	0.2754	-0.2843	0.8741	0.3817	-0.1512	0.8904	0.9446	0.9671	-0.0998	1.0000

Produkt: löslicher Bohnenkaffee (Pulverkaffee)

A^A	K	T	A	K+T	K+A	T+A	K+T+A	K*T	K*A	T*A	K*T*A
K	1.0000	0.1575	0.0131	0.7351	0.4658	0.0609	0.3522	0.9557	0.9602	0.0369	0.9542
T	0.1575	1.0000	0.9035	0.7053	0.8450	0.9612	0.9306	0.0701	0.2906	0.9447	0.2865
A	0.0131	0.9035	1.0000	0.5301	0.8249	0.9767	0.8841	-0.1129	0.1312	0.9341	0.1046
K+T	0.7351	0.7053	0.5301	1.0000	0.8567	0.6111	0.8295	0.6639	0.8334	0.6060	0.9368
K+A	0.4658	0.8450	0.8249	0.8567	1.0000	0.8514	0.9637	0.3480	0.5931	0.8153	0.5556
T+A	0.0609	0.9612	0.9767	0.6111	0.8514	1.0000	0.9242	-0.0449	0.1964	0.9676	0.1748
+KTA	0.3522	0.9306	0.8841	0.8295	0.9637	0.9242	1.0000	0.2561	0.4832	0.9106	0.4672
K*T	0.9557	0.0701	-0.1129	0.6639	0.3480	-0.0449	0.2561	1.0000	0.9271	-0.0491	0.9441
K*A	0.9602	0.2906	0.1312	0.8334	0.5931	0.1964	0.4832	0.9271	1.0000	0.1861	0.9766
T*A	0.0369	0.9447	0.9341	0.6060	0.8153	0.9676	0.9106	-0.0491	0.1861	1.0000	0.1717
*KTA	0.9542	0.2865	0.1046	0.8368	0.5556	0.1748	0.4672	0.9441	0.9766	0.1717	1.0000

D^D	K	T	A	K+T	K+A	T+A	K+T+A	K*T	K*A	T*A	K*T*A
K	1.0000	0.3383	-0.5070	0.3311	0.9137	0.2183	0.8523	0.9520	0.9950	0.2497	0.9763
T	0.3383	1.0000	-0.6909	0.7185	0.2101	0.3734	0.6585	0.5008	0.3133	0.9193	0.4398
A	-0.5070	-0.6909	1.0000	-0.7565	-0.1632	-0.3615	-0.5683	-0.6561	-0.4580	-0.4741	-0.5270
K+T	0.3311	0.7185	-0.7565	1.0000	0.7086	0.5338	0.9449	0.9323	0.8156	0.5965	0.3888
K+A	0.9137	0.2101	-0.1632	0.7086	1.0000	0.2014	0.7944	0.8109	0.9337	0.1371	0.3948
T+A	0.2183	0.3734	-0.3615	0.5338	0.2014	1.0000	0.6051	0.3158	0.1942	0.9812	0.3247
+KTA	0.8523	0.6585	-0.5683	0.9449	0.7944	0.6051	1.0000	0.8903	0.3512	0.6225	0.9161
K*T	0.9520	0.5008	-0.6561	0.9323	0.8109	0.3158	0.8903	1.0000	0.9381	0.3731	0.9685
K*A	0.9950	0.3133	-0.4580	0.8156	0.9337	0.1942	0.3512	0.9381	1.0000	0.2233	0.9737
T*A	0.2497	0.9193	-0.4741	0.5965	0.1871	0.9812	0.6225	0.3731	0.2233	1.0000	0.3680
*KTA	0.9763	0.4398	-0.5270	0.3888	0.8948	0.3247	0.9161	0.9685	0.9737	0.3680	1.0000

I^I	K	T	A	K+T	K+A	T+A	K+T+A	K*T	K*A	T*A	K*T*A
K	1.0000	0.1729	-0.4393	0.8498	0.7849	-0.3678	0.7329	0.9834	0.9451	-0.3200	0.9358
T	0.1729	1.0000	-0.3311	0.5764	0.0869	0.2811	0.4683	0.2741	0.1181	0.3503	0.2754
A	-0.4393	-0.3311	1.0000	-0.4979	0.0374	0.6393	-0.1294	-0.4590	-0.2577	0.5560	-0.2943
K+T	0.8498	0.5764	-0.4979	1.0000	0.6740	-0.1280	0.8492	0.9105	0.7930	-0.0776	0.3741
K+A	0.7849	0.0869	0.0374	0.6740	1.0000	-0.0259	0.9546	0.7586	0.9099	-0.0038	0.3817
T+A	-0.3678	0.2311	0.6393	-0.1280	-0.0259	1.0000	0.1716	-0.3014	-0.2012	0.9836	-0.1512
+KTA	0.7329	0.4683	-0.1294	0.8492	0.9546	0.1716	1.0000	0.7744	0.8274	0.2161	0.3904
K*T	0.9834	0.2741	-0.4590	0.9105	0.7586	-0.3014	0.7744	1.0000	0.9245	-0.2513	0.9446
K*A	0.9451	0.1181	-0.2577	0.7930	0.9099	-0.2012	0.8274	0.9245	1.0000	-0.1528	0.9671
T*A	-0.3200	0.3503	0.5560	-0.0776	-0.0038	0.9836	0.2161	-0.2513	-0.1528	1.0000	-0.0998
*KTA	0.9358	0.2754	-0.2843	0.8741	0.8817	-0.1512	0.3904	0.9446	0.9671	-0.0998	1.0000

Produkt: Kartoffelknödel

7. Korrelation der Rangreihen für die Kriterien Reichweite und Tausender-Preis sowie die daraus abgeleiteten Kriterien und für ausgewählte Gewichtungsschemata

Die folgenden Tabellen geben die Korrelationskoeffizienten für Rangplätze der Vorteilhaftigkeit einzelner Media bzw. Rabattkombinationen von Media gesondert für die untersuchten Produktbereiche wieder. Diese Werte werden für Kombinationen ausgewählter Gewichtungs-Schemata (Abb. 13) mit ausgewählten Kriterien (Abb. 14) errechnet. In der Vorspalte finden sich die Modelle, die den untersuchten Kombinationen zugrunde gelegt worden sind, in der Kopfzeile die zugehörigen Kriterien. Auch diesen Berechnungen ist der gewichtete Rangkorrelationskoeffizient, der in Teil III.8 definiert ist, zugrunde gelegt.

Quelle: Eigene Berechnungen.

Legende:

	K K	K T	K K+T
A A	1.00	0.12	0.48
B B	1.00	0.13	0.48
C C	1.00	0.08	0.55
D D	1.00	0.36	0.84
E E	1.00	0.40	0.84
G G	1.00	0.46	0.85
H H	1.00	0.16	0.85
I I	1.00	0.17	0.85
A B	0.99	0.15	0.51
A C	0.94	0.16*	0.61
A D	0.68	0.13	0.56

* Korrelationskoeffizient zwischen der Rangreihe der Vorteilhaftigkeit aller Media bei Zugrundelegung von Modell A und Zielkriterium Kontaktzahl und der Rangreihe der Vorteilhaftigkeit aller Media bei Zugrundelegung von Modell C und Zielkriterium Tausender-Preis.

	K	K	K	K	T	T	T	T	K+T	K+T	K+T	K+T	K*T	K*T	K*T	K*T
	K	T	K+T	K*T	K	T	K+T	K*T	K	T	K+T	K*T	K	T	K+T	K*T
A A	1.00	0.12	0.48	0.94	0.12	1.00	0.90	0.14	0.48	0.90	1.00	0.46	0.94	0.14	0.46	1.00
B B	1.00	0.13	0.48	0.96	0.13	1.00	0.90	0.11	0.48	0.90	1.00	0.44	0.96	0.11	0.44	1.00
C C	1.00	0.08	0.55	0.97	0.08	1.00	0.81	0.05	0.55	0.81	1.00	0.53	0.97	0.05	0.53	1.00
D D	1.00	0.36	0.84	0.96	0.36	1.00	0.73	0.49	0.84	0.73	1.00	0.92	0.96	0.49	0.92	1.00
E E	1.00	0.40	0.84	0.96	0.40	1.00	0.76	0.56	0.84	0.76	1.00	0.94	0.96	0.56	0.94	1.00
G G	1.00	0.46	0.85	0.96	0.46	1.00	0.79	0.62	0.85	0.79	1.00	0.95	0.96	0.62	0.95	1.00
H H	1.00	0.16	0.85	0.98	0.16	1.00	0.55	0.25	0.85	0.55	1.00	0.90	0.98	0.25	0.40	1.00
I I	1.00	0.17	0.85	0.98	0.17	1.00	0.58	0.27	0.85	0.58	1.00	0.91	0.98	0.27	0.91	1.00
A B	0.99	0.15	0.51	0.95	0.09	0.99	0.89	0.09	0.45	0.91	0.99	0.42	0.94	0.16	0.48	0.98
A C	0.94	0.16	0.61	0.88	0.02	0.95	0.79	0.01	0.37	0.87	0.94	0.34	0.95	0.16	0.62	0.95
A D	0.68	0.13	0.56	0.61	-0.44	-0.36	-0.43	-0.47	-0.11	-0.22	-0.14	-0.16	0.69	0.32	0.63	0.65
A E	0.66	0.20	0.54	0.59	-0.46	-0.36	-0.43	-0.48	-0.14	-0.21	-0.15	-0.16	0.68	0.37	0.63	0.64
A G	0.60	0.20	0.57	0.56	-0.49	-0.30	-0.44	-0.47	-0.17	-0.15	-0.15	-0.17	0.64	0.39	0.63	0.63
A H.	0.68	0.13	0.60	0.67	-0.46	-0.24	-0.45	-0.45	-0.13	-0.13	-0.14	-0.12	0.68	0.26	0.60	0.67
A I	0.67	0.05	0.56	0.65	-0.46	-0.32	-0.47	-0.48	-0.13	-0.24	-0.19	-0.15	0.68	0.16	0.58	0.65
A B	0.99	0.15	0.51	0.95	0.09	0.99	0.89	0.09	0.45	0.91	0.99	0.42	0.94	0.16	0.48	0.98
B C	0.95	0.13	0.59	0.89	0.05	0.96	0.80	0.03	0.40	0.87	0.96	0.37	0.97	0.11	0.58	0.96
C D	0.78	0.27	0.68	0.72	-0.42	-0.23	-0.38	-0.44	0.09	-0.06	0.08	0.05	0.81	0.39	0.74	0.78
D E	0.99	0.38	0.83	0.95	0.37	0.97	0.72	0.52	0.85	0.75	0.99	0.94	0.97	0.52	0.92	0.99
E G	0.99	0.41	0.81	0.92	0.43	0.93	0.75	0.59	0.87	0.75	0.97	0.95	0.97	0.56	0.91	0.98
E H	0.98	0.17	0.82	0.97	0.35	0.79	0.63	0.42	0.81	0.51	0.98	0.84	0.93	0.31	0.87	0.94
G H	0.95	0.18	0.80	0.94	0.23	0.60	0.52	0.38	0.76	0.44	0.81	0.78	0.87	0.31	0.82	0.38
H I	1.00	0.16	0.85	0.98	0.17	0.95	0.57	0.26	0.85	0.55	0.99	0.91	0.99	0.25	0.90	1.00
A I	0.67	0.05	0.56	0.65	-0.46	-0.32	-0.47	-0.48	-0.13	-0.24	-0.19	-0.15	0.68	0.16	0.58	0.65
B I	0.70	0.04	0.57	0.68	-0.44	-0.29	-0.44	-0.45	-0.10	-0.22	-0.15	-0.11	0.73	0.12	0.63	0.72
C I	0.78	0.08	0.64	0.75	-0.43	-0.19	-0.38	-0.43	0.07	-0.10	0.03	0.06	0.77	0.12	0.66	0.75
D I	0.98	0.13	0.81	0.96	0.30	0.59	0.54	0.37	0.30	0.42	0.87	0.84	0.94	0.25	0.85	0.34
E I	0.98	0.16	0.83	0.96	0.35	0.70	0.64	0.43	0.31	0.47	0.90	0.85	0.93	0.31	0.88	0.95
G I	0.95	0.18	0.91	0.94	0.33	0.50	0.53	0.39	0.76	0.39	0.82	0.79	0.87	0.30	0.84	0.39
H I	1.00	0.16	0.85	0.98	0.17	0.95	0.57	0.26	0.85	0.55	0.99	0.91	0.99	0.25	0.90	1.00

Produkt: Zahnpasta/-creme

	K	K	K	K	T	T	T	T	K+T	K+T	K+T	K+T	K*T	K*T	K*T	K*T
	K	T	K+T	K*T	K	T	K+T	K*T	K	T	K+T	K*T	K	T	K+T	K*T
A A	1.00	0.59	0.84	0.92	0.59	1.00	0.89	0.60	0.84	0.89	1.00	0.83	0.92	0.60	0.83	1.00
B B	1.00	0.57	0.84	0.91	0.57	1.00	0.87	0.56	0.84	0.87	1.00	0.81	0.91	0.56	0.81	1.00
C C	1.00	0.63	0.86	0.95	0.63	1.00	0.89	0.70	0.86	0.89	1.00	0.99	0.95	0.70	0.89	1.00
D D	1.00	0.55	0.92	0.98	0.55	1.00	0.76	0.65	0.92	0.76	1.00	0.97	0.98	0.65	0.97	1.00
E E	1.00	0.52	0.93	0.98	0.52	1.00	0.73	0.61	0.93	0.73	1.00	0.97	0.98	0.61	0.97	1.00
G G	1.00	0.48	0.91	0.97	0.48	1.00	0.74	0.60	0.91	0.74	1.00	0.97	0.97	0.60	0.97	1.00
H H	1.00	0.53	0.94	0.99	0.53	1.00	0.70	0.61	0.94	0.70	1.00	0.97	0.99	0.61	0.97	1.00
I I	1.00	0.58	0.95	0.99	0.58	1.00	0.74	0.64	0.95	0.74	1.00	0.98	0.99	0.64	0.98	1.00
A B	0.99	0.56	0.83	0.94	0.58	0.96	0.89	0.60	0.84	0.85	0.99	0.83	0.89	0.54	0.79	0.99
A C	0.97	0.61	0.83	0.90	0.52	0.80	0.73	0.56	0.79	0.81	0.91	0.79	0.95	0.70	0.90	0.98
A D	0.89	0.51	0.83	0.87	0.41	0.45	0.52	0.47	0.67	0.59	0.75	0.71	0.33	0.66	0.94	0.36
A E	0.89	0.47	0.84	0.88	0.42	0.44	0.53	0.49	0.68	0.56	0.75	0.73	0.94	0.64	0.95	0.97
A G	0.91	0.47	0.85	0.89	0.41	0.46	0.54	0.48	0.68	0.57	0.76	0.73	0.92	0.64	0.95	0.97
A H	0.87	0.45	0.83	0.86	0.44	0.44	0.51	0.48	0.69	0.56	0.73	0.72	0.94	0.62	0.94	0.96
A I	0.87	0.50	0.83	0.86	0.45	0.46	0.51	0.48	0.69	0.59	0.74	0.72	0.95	0.66	0.95	0.96
A B	0.99	0.56	0.83	0.94	0.58	0.96	0.89	0.60	0.84	0.85	0.99	0.83	0.89	0.54	0.79	0.99
B C	0.96	0.61	0.83	0.87	0.49	0.79	0.71	0.50	0.78	0.79	0.89	0.76	0.96	0.69	0.89	0.98
C D	0.94	0.55	0.87	0.92	0.56	0.73	0.69	0.62	0.78	0.73	0.86	0.83	0.94	0.67	0.94	0.97
D E	0.99	0.52	0.93	0.98	0.55	0.98	0.74	0.64	0.92	0.74	1.00	0.97	0.98	0.61	0.97	1.00
E G	1.00	0.50	0.92	0.98	0.49	0.98	0.74	0.61	0.91	0.72	0.99	0.97	0.97	0.60	0.96	1.00
E H	0.99	0.50	0.92	0.98	0.55	0.94	0.70	0.61	0.95	0.68	0.98	0.97	0.99	0.59	0.97	0.99
G H	0.98	0.47	0.90	0.96	0.53	0.88	0.67	0.58	0.94	0.67	0.96	0.95	0.99	0.58	0.96	0.99
H I	1.00	0.58	0.94	0.99	0.53	0.96	0.69	0.59	0.94	0.73	0.99	0.97	0.99	0.65	0.98	1.00
A I	0.87	0.50	0.83	0.86	0.45	0.46	0.51	0.48	0.69	0.59	0.74	0.72	0.95	0.66	0.95	0.96
B I	0.84	0.49	0.81	0.83	0.38	0.45	0.46	0.42	0.66	0.55	0.71	0.69	0.93	0.64	0.93	0.94
C I	0.91	0.54	0.88	0.90	0.57	0.72	0.65	0.60	0.79	0.70	0.83	0.81	0.94	0.66	0.94	0.96
D I	0.99	0.54	0.92	0.97	0.58	0.97	0.73	0.63	0.94	0.72	0.98	0.97	0.99	0.64	0.96	0.99
E I	0.99	0.54	0.92	0.97	0.55	0.96	0.71	0.60	0.95	0.71	0.98	0.97	0.99	0.64	0.97	0.99
G I	0.98	0.52	0.90	0.96	0.53	0.90	0.68	0.58	0.94	0.71	0.96	0.95	0.99	0.63	0.96	0.99
H I	1.00	0.58	0.94	0.99	0.53	0.96	0.69	0.59	0.94	0.73	0.99	0.97	0.99	0.65	0.98	1.00

Produkt: Weinbrand/Brandy/Cognac

Teil III: Anhang

| | K | K | K | K | T | T | T | T | K+T | K+T | K+T | K+T | K*T | K*T | K*T | K*T |
	K	T	K+T	K*T	K	T	K+T	K*T	K	T	K+T	K*T	K	T	K+T	K*T
A A	1.00	0.19	0.74	0.96	0.19	1.00	0.74	0.11	0.74	0.74	1.00	0.66	0.96	0.11	0.66	1.00
B B	1.00	0.27	0.81	0.95	0.27	1.00	0.73	0.15	0.81	0.73	1.00	0.71	0.95	0.15	0.71	1.00
C C	1.00	0.24	0.86	0.97	0.24	1.00	0.58	0.15	0.86	0.58	1.00	0.81	0.97	0.15	0.81	1.00
D D	1.00	0.40	0.82	0.96	0.40	1.00	0.77	0.54	0.82	0.77	1.00	0.92	0.96	0.54	0.92	1.00
E E	1.00	0.45	0.85	0.96	0.45	1.00	0.78	0.60	0.85	0.78	1.00	0.94	0.96	0.60	0.94	1.00
G G	1.00	0.50	0.88	0.95	0.50	1.00	0.79	0.66	0.88	0.79	1.00	0.97	0.95	0.66	0.97	1.00
H H	1.00	0.13	0.84	0.98	0.13	1.00	0.54	0.22	0.84	0.54	1.00	0.90	0.98	0.22	0.90	1.00
I I	1.00	0.17	0.85	0.98	0.17	1.00	0.58	0.27	0.85	0.58	1.00	0.91	0.98	0.27	0.91	1.00
A B	1.00	0.27	0.80	0.95	0.19	0.97	0.66	0.08	0.74	0.79	0.98	0.63	0.96	0.18	0.73	0.99
A C	0.95	0.31	0.86	0.90	0.04	0.82	0.37	-0.07	0.61	0.73	0.83	0.51	0.97	0.26	0.87	0.95
A D	0.80	0.10	0.54	0.68	-0.26	-0.49	-0.48	-0.41	0.32	-0.29	0.05	0.17	0.86	0.25	0.64	0.78
A E	0.75	0.14	0.54	0.66	-0.32	-0.46	-0.50	-0.43	0.25	-0.20	0.04	0.15	0.83	0.29	0.64	0.76
A G	0.72	0.14	0.52	0.58	-0.38	-0.51	-0.55	-0.50	0.20	-0.28	0.03	0.06	0.80	0.28	0.63	0.68
A H	0.84	-0.03	0.65	0.81	-0.18	-0.25	-0.27	-0.19	0.39	-0.14	0.24	0.38	0.90	0.10	0.75	0.89
A I	0.84	0.00	0.65	0.80	-0.19	-0.27	-0.29	-0.22	0.39	-0.14	0.22	0.35	0.90	0.12	0.74	0.87
A B	1.00	0.27	0.80	0.95	0.19	0.97	0.66	0.08	0.74	0.79	0.98	0.63	0.96	0.18	0.73	0.99
B C	0.95	0.32	0.87	0.90	0.12	0.86	0.45	0.00	0.68	0.67	0.88	0.59	0.96	0.24	0.84	0.95
C D	0.90	0.22	0.65	0.80	-0.09	-0.24	-0.31	-0.26	0.64	0.13	0.42	0.51	0.94	0.33	0.73	0.87
D E	0.99	0.42	0.82	0.94	0.42	0.96	0.76	0.57	0.85	0.78	1.00	0.93	0.97	0.56	0.92	1.00
E G	0.99	0.47	0.85	0.93	0.48	0.93	0.75	0.63	0.87	0.78	0.98	0.96	0.98	0.61	0.93	0.98
E H	0.97	0.15	0.82	0.95	0.37	0.71	0.65	0.45	0.78	0.42	0.86	0.82	0.90	0.27	0.85	0.91
G H	0.94	0.16	0.81	0.93	0.36	0.49	0.54	0.41	0.76	0.35	0.80	0.78	0.84	0.27	0.81	0.85
H I	1.00	0.16	0.85	0.98	0.13	0.99	0.54	0.23	0.85	0.58	1.00	0.91	0.99	0.26	0.91	1.00
A I	0.84	0.00	0.65	0.80	-0.19	-0.27	-0.29	-0.22	0.39	-0.14	0.22	0.35	0.90	0.12	0.74	0.87
B I	0.84	0.00	0.65	0.80	-0.12	-0.27	-0.22	-0.15	0.48	-0.09	0.33	0.45	0.91	0.14	0.77	0.89
C I	0.93	0.08	0.76	0.90	0.02	-0.10	-0.05	0.00	0.70	0.10	0.59	0.68	0.96	0.14	0.81	0.94
D I	0.98	0.14	0.81	0.95	0.33	0.57	0.56	0.40	0.77	0.42	0.85	0.81	0.92	0.25	0.83	0.92
E I	0.96	0.19	0.83	0.95	0.38	0.70	0.65	0.46	0.78	0.44	0.87	0.83	0.90	0.30	0.85	0.92
G I	0.94	0.20	0.81	0.93	0.36	0.48	0.54	0.41	0.76	0.37	0.80	0.79	0.84	0.30	0.82	0.86
H I	1.00	0.16	0.85	0.98	0.13	0.99	0.54	0.23	0.85	0.58	1.00	0.91	0.99	0.26	0.91	1.00

Produkt: löslicher Bohnenkaffee (Pulverkaffee)

	K	K	K	K	T	T	T	T	K+T	K+T	K+T	K+T	K*T	K*T	K*T	K*T
	K	T	K+T	K*T	K	T	K+T	K*T	K	T	K+T	K*T	K	T	K+T	K*T
A A	1.00	0.16	0.74	0.96	0.16	1.00	0.71	0.07	0.74	0.71	1.00	0.66	0.96	0.07	0.66	1.00
B B	1.00	0.16	0.75	0.97	0.16	1.00	0.68	0.08	0.75	0.68	1.00	0.70	0.97	0.08	0.70	1.00
C C	1.00	0.12	0.86	0.97	0.12	1.00	0.53	0.02	0.86	0.53	1.00	0.80	0.97	0.02	0.80	1.00
D D	1.00	0.34	0.83	0.95	0.34	1.00	0.72	0.50	0.83	0.72	1.00	0.93	0.95	0.50	0.93	1.00
E E	1.00	0.38	0.84	0.96	0.38	1.00	0.74	0.53	0.84	0.74	1.00	0.93	0.96	0.53	0.93	1.00
G G	1.00	0.47	0.86	0.96	0.47	1.00	0.79	0.62	0.86	0.79	1.00	0.95	0.96	0.62	0.95	1.00
H H	1.00	0.12	0.85	0.98	0.12	1.00	0.50	0.22	0.85	0.50	1.00	0.92	0.98	0.22	0.92	1.00
I I	1.00	0.17	0.85	0.98	0.17	1.00	0.58	0.27	0.85	0.58	1.00	0.91	0.98	0.27	0.91	1.00
A B	1.00	0.20	0.77	0.96	0.12	0.95	0.63	0.02	0.71	0.72	0.97	0.63	0.96	0.11	0.70	0.98
A C	0.95	0.20	0.86	0.90	-0.03	0.76	0.35	-0.15	0.61	0.65	0.83	0.49	0.96	0.17	0.87	C.95
A D	0.80	0.05	0.58	0.69	-0.33	-0.58	-0.55	-0.48	0.32	-0.28	0.07	0.16	0.86	0.20	0.67	0.77
A E	0.78	0.11	0.56	0.69	-0.37	-0.58	-0.56	-0.50	0.29	-0.22	0.06	0.16	0.84	0.25	0.65	0.76
A G	0.72	0.12	0.54	0.61	-0.45	-0.60	-0.59	-0.56	0.19	-0.24	0.05	0.08	0.79	0.26	0.63	0.69
A H	0.85	-0.01	0.69	0.82	-0.27	-0.31	-0.34	-0.29	0.39	-0.14	0.25	0.37	0.89	0.13	0.77	0.88
A I	0.84	0.02	0.67	0.81	-0.27	-0.35	-0.37	-0.32	0.39	-0.17	0.21	0.35	0.90	0.15	0.75	0.87
A B	1.00	0.20	0.77	0.96	0.12	0.95	0.63	0.02	0.71	0.72	0.97	0.63	0.96	0.11	0.70	0.98
B C	0.96	0.17	0.86	0.91	0.01	0.85	0.40	-0.10	0.66	0.63	0.87	0.56	0.96	0.11	0.85	0.96
C D	0.90	0.16	0.67	0.79	-0.18	-0.17	-0.25	-0.32	0.65	0.09	0.45	0.51	0.95	0.29	0.77	0.88
D E	0.99	0.36	0.82	0.95	0.35	0.97	0.72	0.50	0.85	0.73	0.99	0.93	0.96	0.51	0.92	0.99
E G	0.99	0.42	0.82	0.92	0.42	0.94	0.73	0.57	0.87	0.76	0.98	0.95	0.98	0.56	0.91	0.97
E H	0.98	0.11	0.82	0.96	0.32	0.72	0.60	0.40	0.79	0.43	0.87	0.83	0.92	0.24	0.87	0.94
G H	0.94	0.13	0.80	0.93	0.34	0.54	0.53	0.40	0.75	0.37	0.80	0.78	0.85	0.25	0.81	0.86
H I	1.00	0.16	0.85	0.98	0.13	0.94	0.52	0.22	0.86	0.54	0.99	0.91	0.98	0.27	0.91	1.00
A I	0.84	0.02	0.67	0.81	-0.27	-0.35	-0.37	-0.32	0.39	-0.17	0.21	0.35	0.90	0.15	0.75	0.87
B I	0.86	0.03	0.69	0.83	-0.21	-0.27	-0.30	-0.24	0.46	-0.12	0.31	0.43	0.91	0.13	0.77	0.89
C I	0.93	0.08	0.76	0.90	-0.08	-0.06	-0.07	-0.07	0.71	0.10	0.61	0.69	0.97	0.17	0.84	0.96
D I	0.98	0.12	0.80	0.95	0.28	0.56	0.52	0.35	0.80	0.42	0.87	0.84	0.92	0.26	0.84	0.92
E I	0.97	0.16	0.82	0.96	0.32	0.66	0.60	0.40	0.79	0.45	0.88	0.84	0.92	0.30	0.87	0.94
G I	0.94	0.19	0.81	0.93	0.34	0.48	0.52	0.39	0.74	0.39	0.80	0.78	0.85	0.30	0.82	0.87
H I	1.00	0.16	0.85	0.98	0.13	0.94	0.52	0.22	0.86	0.54	0.99	C.91	0.98	0.27	0.91	1.00

Produkt: Kartoffelknödel

8. Der gewichtete Rangkorrelationskoeffizient

Im Rahmen der Mediaplanung ist bei der Festlegung eines Maßes, das
den Grad der Übereinstimmung der Resultate spezifischer Gewichtungsschemata oder Zielkriterien angibt, zwei Gesichtspunkten Rechnung zu
tragen, um ein geeignetes Zusammenhangmaß zwischen zwei Mediarangreihen zu erhalten: Zum einen spielt für die praktische Anwendung von
Mediaselektionsmodellen lediglich die Rangreihe der Media eine Rolle,
das Ausmaß von Differenzen zwischen Bewertungen der Media ist weniger
entscheidungsrelevant. Zum anderen sind Unterschiede im Rangplatz von
Media aufgrund zweier zu vergleichender Mediaselektionsmodelle umso
mehr von Interesse, je besser die Rangplätze sind. Eine Änderung auf
den schlechteren Rangplätzen ist weniger bemerkenswert als eine Änderung auf den besseren Rangplätzen.

Vor dem Hintergrund dieser Überlegungen findet hier ein Maß Verwendung,
das beiden Aspekten genügt. Der gewichtete Rangkorrelationskoeffizient
berücksichtigt sowohl die Rangdaten-Eigenschaft von Mediabewertungen
sowie die Anforderung, daß Abweichungen bei besseren Rängen bedeutungs-
voller als Abweichungen bei schlechteren Rängen sind. Dieses Maß läßt
sich formal wie folgt darstellen (x, y Rangdaten):

$$r^*(x,y) = \frac{\sum\limits_{i=1}^{I} g_i(x_i'-\overline{x^\tau})(y_i'-\overline{y^\tau})}{\sqrt{\sum\limits_{i=1}^{I} g_i(x_i'-\overline{x^\tau})^2 \ \sum\limits_{i=1}^{I} g_i(y_i'-\overline{y^\tau})^2}}$$

$$\text{mit} \qquad g_i = 2(\max_i(x_i+y_i) - (x_i+y_i) + 1)$$

$$x_i' = \sum_{j|x_j' < x_i'} g_j + \frac{1}{2}(1 + \sum_{j|x_j' = x_i'} g_j)$$

$$y_i' = \sum_{j|y_j' < y_i'} g_j + \frac{1}{2}(1 + \sum_{j|y_j' = y_i'} g_j)$$

$$\overline{x^\tau} = \frac{\sum\limits_{i=1}^{I} g_i x_i'}{\sum\limits_{i=1}^{I} g_i} \quad \text{und} \quad \overline{y^\tau} = \frac{\sum\limits_{i=1}^{I} g_i y_i'}{\sum\limits_{i=1}^{I} g_i}$$

Literaturverzeichnis

Arbeitsgemeinschaft Media-Analyse e. V. (Hrsg.): Media-Analyse 1984, Frankfurt / Main 1984.

Axel Springer Verlag AG; Verlagsgruppe Bauer (Hrsg.): Verbraucheranalyse 83/84, Hamburg 1983.

Böcker, F.; *Thomas*, L.: Marketing, Stuttgart / New York 1981.

Böhler, H.: Methoden und Modelle der Marktsegmentierung, Stuttgart 1977.

Buchmann, K.-H.: Quantitative Planung des Marketing-Mix auf der Grundlage empirisch verfügbarer Informationen, Berlin / New York.

BURDA GmbH (Hrsg.): Kaufeinflüsse '83, Offenburg 1983 — (Hrsg.): Typologie der Wünsche 84, Offenburg 1984.

Deutscher Supplement-Verlag: Werbemittelkontaktchancen, Nürnberg o. J. (1981).

Freter, H.: Mediaselektionsprogramme — Probleme der Datengewinnung und Datenverarbeitung, in: Hansen, H. R. (Hrsg.): Computergestützte Marketingplanung, München 1974, S. 269–293.

Gruner + Jahr AG & Co. (Hrsg.): BRIGITTE-Frauentypologie, Hamburg 1984.

HÖRZU (Hrsg.): Werbedosis — Werbewirkung: A study of the effectiveness of advertising frequency in magazines, Hamburg 1983.

Institut für Demoskopie Allensbach (Hrsg.): Allensbacher Werbeträger-Analyse 1984, Allensbach 1984.

Jahreszeitenverlag (Hrsg.): Zuständigkeiten 1985, Hamburg 1985.

— (Hrsg.): Funktionsanalyse 1985, Hamburg 1985.

Kiss, T.: Privates Schreiben vom 15. Mai 1984.

Lilien, G. L.; *Kotler*, P.: Marketing decision making: A model-building approach, New York 1983.

Little, J. D. C.: Models and managers — The concept of a decision calculus, in: Management Science 1970 (Vol. 16), S. 466–485.

Meffert, H.: Marketing: Einführung in die Absatzwirtschaft, 6. Auflage, Wiesbaden 1982.

Nieschlag, R.: *Dichtl*, E.; *Hörschgen*, H.: Marketing, 14. Auflage, Berlin 1985.

Noelle-Neumann, E.: Persönlichkeitsstärke, in: SPIEGEL-Verlag (Hrsg.): Persönlichkeitsstärke: Ein neuer Maßstab zur Bestimmung von Zielgruppenpotentialen, Hamburg 1983, S. 7–23.

Schmidt & Pohlmann (Hrsg.): Kontinuierlich erscheinende Publikationen.

Schweiger, G.: Mediaselektionsmodelle — Verfahren der Mediaselektion, in: *Hansen*, H. R. (Hrsg.): Computergestützte Marketing-Planung, München 1974, S. 218–268.

SPIEGEL-Verlag (Hrsg.): Persönlichkeitsstärke: Ein neuer Maßstab zur Bestimmung von Zielgruppenpotentialen, Hamburg 1983.

Tietz, B.; *Zentes*, J.: Die Werbung der Unternehmung, Reinbek bei Hamburg 1980.

Verlagsgruppe Bauer (Hrsg.): Heftnutzung, Anzeigenbetrachtung und die Faktoren, die sie beeinflussen, Hamburg 1971.

— (Hrsg.): Wie konsumfreudig sind die Leser von Frauenzeitschriften? 1: Ernährung, 2: Körperpflege/Kosmetik, Hamburg 1983.

Printed by Libri Plureos GmbH
in Hamburg, Germany